顾问　恽铭庆　李良明

恽代英黄埔军校问答录

抄录　袁策平

收藏　王金昌

编著　张晓东

人民出版社

黄埔军校第六期学生袁策平的"问答代英先生"
笔记簿封面

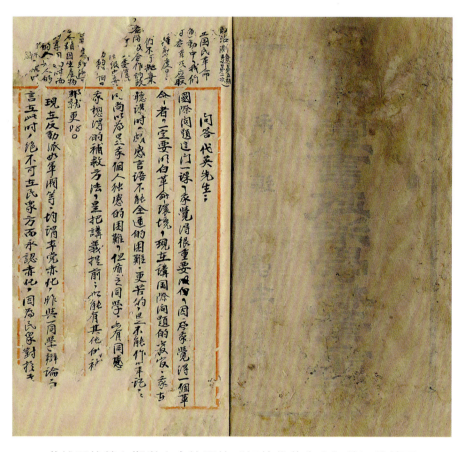

政治测验第五期第五次

问答代英先生：

国际问题这门一课，家觉得很重要……因尽家觉得一个革命者，一定要明白革命环境，现在讲国际问题的议案，家古……仍不了抛弃……

聽講時，頗感言語不能全通的困難，更苦的旦不能作筆記。

……向尚崇旦家個人獨感的困難，但愿之同学，当有同感……

家想得的補救方法，是把講義提前，此能有其他的社……

五國民革命……勁中我的……了者看及立嚴……維我是好？

現立反動派如軍閥等，均謂革黨赤化，咋與同学辯論，言互……此時，絶不可立民衆方面承認赤化，同為民衆對打……

……類因生產物……那就更以。

黄埔军校第六期学生袁策平的"问答代英先生"笔记簿首页

国民革命之中的革命分子，也没有包括他们在内。

义和

不肯什麼「全民」呢？但是假使同時又有人問，即革命所得也。

国民革命的口號，這些軍閥，生怕喪貴，階級，以及一切利益者。

科的人，又是蚩国民呢？如果「国家革命」的口號，又是……其他。

時代之進步……共国家主義派同樣的毛病嗎？像這樣問起來，怎樣……

解釋呢？……

我革党第一次代表大會宣言中解釋民权主……有「民国之民……

權唯民国之国民及解享之必不輕授民於反對民国之人……

第次代表大……所說的革命政權……均是反對民国之人，考非不是民国的国民……

答 国民革命，四国銀行国，五国銀行国，六国銀行国。大国銀行国，是鄉學帝国主義組織的……

者，佢主家国做些什么樣呢？……承揽中国一切借款。二年国变後……後国美国退出……

大借款，四国国又避升李德，俄德革命……星广为国銀行国……

咸五国銀行国，欧战以後，俄德革命……乃由英法组出……

袁细戥「新四国銀行国」（全籍题）……没有三国銀行国——可看中華書局出版小冊子

黄埔军校第六期学生袁策平的"问答代英先生"笔记簿末页

序

石仲泉

（原中共中央党史研究室副主任）

    恽代英是中国共产党的优秀党员，是为新中国成立作出突出贡献的 100 位英雄模范人物之一。他不仅是中国共产党的早期领导人、中国传播马克思主义的先驱、中国青年热爱的领袖，还是中国共产党早期的军事领导者、我军政治工作的开创者之一。

    1926 年 5 月，恽代英被党派到位于广州黄埔岛的中央军事政治学校（俗称"黄埔军校"）任政治主任教官。从那一刻起，他就以极高的政治责任感、极真的学习态度、极大的工作热情，投入到军队政治工作中，在继承和发展周恩来军事政治工作思想的基础上，不断开创军事政治工作新思路。比如，他在 1926 年 2 月 20 日的《党纪与军纪》一文中指出："在党军中间，党高于一切。"军队"要明了而服从党的主义，在党的领导之下与中国民族的仇敌作战"。他在 1926 年 9 月

15 日的《军队中政治工作的方法》演讲中提出了军队政治工作的目的：就是"第一步使武力与人民结合，第二步使武力成为人民的武力"。就是要通过政治工作，引导军队从"第一步"走向"第二步"，"努力使他成为人民的军队"。他在1926 年 11 月 18 日的《解释对于政治工作的误会》一文中说："政治工作是我们国民革命军的唯一特色，只有政治工作能保障我们的军队永远站在党的、革命的大多数农工民众利益的一方面。""政治工作是要使我们的军队知道为什么要作战，而且为什么一定要成为有很好军纪风纪的军队。"在当时，尽管是国共合作的大革命时期，这里的"党"还不是专指的"共产党"，但这些思想的内涵，不能说与后来我们党提出的"党指挥枪"、革命的武装应该是"人民的军队"、军队政治工作是保障军队能听从党的指挥、明白为何作战、要严明军纪等理念没有任何渊源关系。

恽代英不仅在理论上强调军队政治工作的重要性，还在军队实际工作中加强政治工作。他提出，要在黄埔军校学员区队中"每队加设一指导员，选择政治观念好的人来担任"，责任是"代替政治部做工作"，"地位和区队长差不多，于必要时可以代替区队长"。

恽代英离开这个世界 90 余年了。近些年来对他的研究很多，也有很大进展，但由于缺乏足够的史料，对恽代英在黄埔军校这个时期的研究却不多、不深，这不能不说是一个遗憾。在恽代英短暂的一生中,他在黄埔军校期间的思想、理论和实践可以说是他人生中十分璀璨的一段时光,是他才智发挥淋漓尽致的一个阶段。这笔财富应该挖掘,也值得挖掘。只有这样,才能让恽代英完整起来、"丰满"起来;只有这样,才能告慰英灵、面对后人。

可喜的是,近年忠良博物馆的同志以在本馆陈列的黄埔军校第六期学生袁策平抄录的《问答代英先生》笔记为基础,开展了恽代英在黄埔军校时期的思想研究。忠良博物馆的同志本着对历史负责、对先烈负责的高度责任感,通过艰苦、认真、细致地编研工作,不仅把《问答代英先生》笔记完整地整理出来了,而且与1927年1月黄埔军校政治部出版的《政治问答集(一)》和广东革命历史博物馆编辑的《〈黄埔日刊〉资料汇编》(科学出版社2020年1月出版)进行了认真比较、核对。

《问答代英先生》笔记全文139组问答题(不含页眉部分),其中属于恽代英解答的问题有80题。同时,在《〈黄埔日刊〉资料汇编》里发现未包含在《问答代英先生》笔记里的恽代英解答黄埔同学的提问35题,本书共计收编了115道恽代英与黄埔同学的问答,计200余个问题,1.7万字。这些问答是恽代英宣传革命理论、启蒙学生思想、抨击反动言论的真实写照;这些问答句句凝结着一个革命理论家的思想光辉,字字包含着一个敦厚师长的拳拳之心,可谓军队政治工作的"启蒙问答录"。虽然距今已有 90 余年，然而对今人乃至后人仍有答疑解惑之作用，仍有启迪今人乃至后人对中国革命历史研究之意义。不仅如此，忠良博物馆的同志在编研过程中，还新发现了恽代英在《黄埔日刊》发表的 7 篇文章（演讲、书信，计 9000 字）。无论《问答代英先生》笔记，还是这些新发现的问答和文章，在新中国成立后均未面世。毋庸置疑，《问答代英先生》笔记和这些新发现的问答和文章，既是研究恽代英思想和中国共产党早期传播马克思主义的历史文献，也是研究中国共产党早期军队政治思想工作和中国共产党在黄埔军校创建、发展中发挥积极作用的珍贵资料，还是对《恽代英全集》的重要补充。

可贵的是，忠良博物馆的同志在研究《问答代英先生》笔记时，不是简单地、机械地整理，而是以《问答代英先生》笔记为基础，着重研究了恽代英在黄埔军校（本部）期间作为一名"红色教官"的经历和作用，较全面、较深入地反映了恽代英从 1926 年 5 月至 1926 年 11 月底在黄埔军校（本部）时期的思想、精神和品质，丰富了恽代英的光辉形象，弥补了恽代英在黄埔军校时期的历史画面。

习近平总书记指出，让收藏在禁宫里的文物、陈列在广阔大地上的遗产、书写在古籍里的文字都活起来。忠良博物馆的同志不断挖掘、编研本馆陈列的红色文物，就是在践行习近平总书记的这一重要指示精神，让尘封的历史文献"活起来"。

恽代英是从荆楚大地上走出来的中国共产党早期领导人、我军创始人之一，这是我们湖北人民的骄傲。黄埔军校是第一次国共合作的产物，对中国革命产生过重大影响。忠良博物馆的同志在中国共产党成立100周年和恽代英英勇就义90周年之际，编研出《恽代英黄埔军校问答录》一书，既是对恽代英的最好怀念，也是献给党的百岁生日的美好礼物，还是对海峡两岸文化交流的良好促进。

2016年2月2日，习近平总书记在瞻仰井冈山革命烈士陵园时说："回想过去那段峥嵘岁月，我们要向革命先烈表示崇高的敬意，我们永远怀念他们，牢记他们，传承好他们的红色基因。"本书的出版，是忠良博物馆的同志为"传承红色基因"作出的努力和奉献。

石仲泉

2020年7月1日

序 .... 石仲泉 001

编注说明 001

红色教官——恽代英 001

恽代英黄埔军校问答录 045

　　第一篇　马列主义篇 045

　　第二篇　国民革命篇 053

　　第三篇　国际事务篇 075

　　第四篇　政治经济篇 089

　　第五篇　社会伦理篇 092

袁策平与《问答代英先生》笔记 099

附录：新发现的恽代英在《黄埔日刊》上
发表的文章 106

1.纪念周中恽主任教官的政治报告 106

2.为什么要纪念总理的诞日 113

3.解释对于政治工作的误会 115

4.致政治教官公函 122

5.告第一补充师见习诸同志 127

6.在中华民国十五年十一月二十二日总理
纪念周上的政治报告 130

7.通信 133

后　记 135

《后记》续语 139

编 注 说 明

　　《恽代英黄埔军校问答录》是编著者根据王金昌先生收藏的陈列于忠良博物馆的《问答代英先生》笔记和广东革命历史博物馆编辑的《〈黄埔日刊〉资料汇编》编著的，是恽代英于1926年5月至1926年11月底担任黄埔军校（本部）政治主任教官期间与黄埔军校学生的部分问答（可收集可确认的），以及编者从《黄埔日刊》上新发现的新中国成立后未发表的恽代英在黄埔军校（本部）期间发表的文章、演讲和书信。这些文字均未收录于《恽代英全集》（人民出版社2014年5月出版）之中，因当时这些资料尚未被发现。

　　《问答代英先生》笔记是黄埔军校第六期学生袁策平在考入黄埔军校之初，为了便于听懂政治课上老师讲授的内容，事先将恽代英与学生之间的问答抄录在自己的课堂笔记本上的"问答手抄本"（经编著者考证，其中有部分内容不是恽代英的解答，而是其他政治教官的解答），距今已有90多年，是存世"孤品"。

《〈黄埔日刊〉资料汇编》是广东革命历史博物馆编辑的由科学出版社于2020年1月出版的该馆"20多年来经多方收集，共觅得83期的《黄埔日刊》原件"[1]，其中大部分为1926年11—12月期间的《黄埔日刊》。1926年3月3日《黄埔日刊》创刊至1926年11月30日《黄埔日刊》共发行了472期，《〈黄埔日刊〉资料汇编》收集的83期，虽只是《黄埔日刊》的"冰山一角"，但就目前情况看，其"在数量和保存完整性等方面，都是首屈一指的"[2]。

在编注过程中，为了确保《问答代英先生》笔记中的解答出自恽代英之手，几年来，编著者除了考证各种资料，还拜访了各地有关方面的专家学者。通过"排除法"，将不属于恽代英解答的部分剔除。为了确保《〈黄埔日刊〉资料汇编》中的解答出自恽代英之手，编者反复核查了该《汇编》中"问答"的解答者署名，且将与《问答代英先生》笔记中重复的问答删去。

在编注过程中，为了便于读者阅读，编著者对原文进行了誊写（全部使用简体字）、校对和分类。问答题分类不易，因为有的一道问题里包含了多个小问题，且性质不尽相同，只能大致分类。为了便于读者理解，编著者根据有关资料对文中的大部分历史人物、历史事件和历史地点等作了注释。鉴于原件手书过程中标点符号使用不规范的情况，编著者对文中的标点符号进行了重新梳理和标注。

在编注过程中，由于《问答代英先生》笔记年代久远，破损厉害，加之手书而成，一些字迹难辨。编著者对于缺失、难辨的文字，一方面，根据广东人民出版社再版的中央军事政治学校政治部1927年1月编印的《政治问答集（一）》核对原文补缺；另一方面，严格依据上下文推断原文补缺，实在无法推断的"缺失部分"，不妄加弥补，而保留"缺失"。为便于读者阅读，对笔记中无法辨认的字以"□"标出，依据上下文核对、推断原文的字及落实补充以"（）"标出，错别字以"[]"订正，衍文以"〈〉"订正。

在编注过程中，凡是可以在《政治问答集（一）》中找到的问答题，均在问答题后面标注该题在《政治问答集（一）》中的出处；凡是在《〈黄埔日刊〉资料汇编》中发现的问答题，均在问答题后面标注该题在《黄埔日刊》中的出处。如此标注，以便学者和读者进一步探寻。

在编注过程中，编著者将新发现的新中国成立后未面世的恽代英在《黄埔日刊》上发表的7篇文稿（文章、演讲和书信）附后，既可以飨读者，又可作为《恽代英全集》的补充。

特此说明。

注　释：

[1]［2］杨琪：《〈黄埔日刊〉资料汇编》序，《〈黄埔日刊〉资料汇编》，科学出版社 2020 年版。

张晓东

2020 年 7 月 20 日

红色教官——恽代英

张晓东

　　忠良博物馆陈列了一本由中粮集团原总裁助理、红色收藏大家王金昌先生在 20 世纪 90 年代收藏的《问答代英先生》笔记本。这本笔记是黄埔军校第六期学生袁策平在考入黄埔军校之初，为了便于听懂政治课上教官讲授的内容，用毛笔在学校

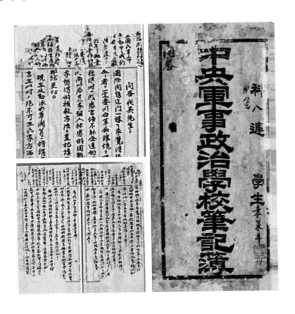

发给的"中央军事政治学校笔记簿"上抄写的黄埔军校政治主任教官恽代英（含部分少量肖楚女和张秋人的解答）回答黄埔军校学生上百个提问的手抄本"善本"，是存世孤品，是了解和研究恽代英在黄埔军校期间思想的珍贵文献。

一

恽代英，祖籍江苏武进。1895 年 8 月 12 日生于湖北武昌。1918 年，毕业于武昌中华大学（华中师范大学前身——笔者注）哲学系，担任中华大学附中教务主任（相当于附中校长——笔者注）。1919 年，积极组织学生参加五四运动，是武汉地区五四运动的主要领导人之一。1920 年起，先后创办利群书社和共存社传播马克思主义。同年，编辑"少年中国学会丛书"并翻译出版了考茨基的《阶级争斗》，对毛泽东、周恩来、董必武等产生深刻影响。1921 年，加

入中国共产党。1923 年和 1925 年，在中国社会主义青年团第二、三次全国代表大会上当选为中央执行委员兼宣传部部长。1923 年 10 月，创办并主编《中国青年》，成为青年们最喜爱的进步刊物，培养了整整一代青年。国共第一次合作后，任国民党上海执行部宣传部秘书长。1925 年，参与领导五卅运动。1926 年 1 月，在国民党二大上当选为国民党中央执行委员；5 月，出任中央军事政治学校（俗称黄埔军校——笔者注）政治主任教官。1926 年 12 月 1 日，奉令告别黄埔军校，经上海到武昌，担任黄埔军校武汉分校政治总教官。1927 年 4 月，在中共五大上当选为中央委员。7 月 15 日，江精卫在武汉叛变革命后，离开黄埔军校武汉分校，参与领导了南昌起义和广州起义。1928 年秋，奉命从香港到上海，任党中央组织部秘书长，协助部长周恩来工作。1929 年初，任党中央宣传部秘书长，负责编辑中共中央机关刊物《红旗》；6 月，在中共六届二中全会上被补选为中央委员。1930 年 4 月，因抵制李立三的"左"倾冒险主义，受到打击，被调离中央[1]，担任中共沪中区、沪东区行动委员会书记。5 月 6 日下午，到上海杨树浦韬明路老怡和纱厂门前联系工作时，突遇巡捕的盘查并被捕，但未暴露真实身份。1931 年 4 月 24 日，主持中央特科具体工作的顾顺章在武汉被捕叛变，供认恽代英被关押在南京中央军人监狱。当月 29 日中午，恽代英被押往狱中操场行刑，沿途神色坦然，昂首挺胸，高唱《国际歌》，面对行刑的刽子手发

表了慷慨激昂的演说并高呼口号 [2]，英勇就义时尚不满 36 周岁。

恽代英在狱中写下了不朽的诗句："浪迹江湖忆旧游，故人生死各千秋。已揾忧患寻常事，留得豪情作楚囚。"

恽代英的生命虽然短暂，然而他的生命之光却璀璨夺目；恽代英在黄埔军校工作时间虽然不长，然而"他在黄埔军校期间的思想火花，是他短暂一生中绽放的最淋漓尽致的时期"[3]，是他"一生中思想发展的最高峰"[4]。恽代英在黄埔军校期间的思想非常丰富，尤其是在军队政治工作方面，形成了一些理论（观点、主张），并对后世产生深远影响。这些观点主张不仅为军校政治工作的发展作出了重要贡献，而且为反帝反封建的国民革命作出了重要贡献，也为中国共产党对新民主主义革命理论的探讨作出了重要贡献。[5] 这些观点主张不仅反映出恽代英是中国传播马克思主义的先驱之一，还反映出恽代英创造性地将马克思主义应用于中国国情 [6]，也反映出恽代英是党内最早认识到武装斗争以及在中国农村建立工农武装重要性的杰出领导人之一 [7]，更反映出恽代英是坚持军队应"与人民结合"及人民军队应"党指挥枪"的奠基者之一。

二

1924 年 1 月，中国国民党第一次全国代表大会在广州召开，大会决定在广州黄埔岛成立"陆军军官学校"，为国民革命培养军事与政治人才，建立革命军队，挽救中国危亡。1924年 3 月，军校开始招生。6 月 16 日，军校举行开学典礼。孙中山任军校总理，廖仲恺任党代表，蒋介石任校长。校本部之下设置政治、教授、训练、管理、军需、军医六部。[8]因其校址设在黄埔岛上，故俗称"黄埔军校"。

1926 年 1 月，为适应形势的发展，集中统一培养军事、政治人才，国民政府军事委员会决定将国民革命军各军所办军事学校与黄埔军校合并，将陆军军官学校改名为"中央军事政

治学校"，直属于国民政府军事委员会。3月1日，中央军事政治学校举行成立典礼，蒋介石任校长，汪精卫任党代表，李济深任副校长。[9] 军校虽然改组为中央军事政治学校，但世人依然俗称其为"黄埔军校"。

黄埔军校办学理念新颖，强调知行合一，学以致用，并借

鉴苏联红军经验，建立党代表和政治部制度，实施政治教育，开展思想工作。政治部是党代表进行政治教育的具体部门，专管一切政治工作，以培养"亲爱精诚，团结合作，为国爱民，不怕牺牲"的校风为重点内容，主要任务有两项：一是对全校实施政治教育，二是对人民负

责宣传组织及政治指导。[10]

1926 年 1 月，恽代英到广州出席国民党"二大"，并当选为国民党中央执行委员。会后，他留在广州，任中共广东区委委员、区委军委委员。同年 5 月 [11]，他奉命来到黄埔军校担任政治主任教官。政治主任教官是负责实施政治教育的具体负责人，统领各政治教官教授政治课。

恽代英与黄埔军校结缘，远在他到黄埔军校担任政治主任教官之前。他在《黄埔军校第四期同学录序》中说："我从前在上海，曾经有几回机会可以到'黄埔'来，我自己亦很希望有时候可以为'黄埔'同学尽一份力量，但终以上海党务关系不能来。第三期同学将要毕业时，我刚参与党的全国代表大会来广州（指国民党"二大"——笔者注），得与为数次之演讲，然亦为时匆匆，未能有亲切之接触。"他未来黄埔军校任教之前，就推荐过许多热血青年投考黄埔军校，就与不少黄埔学生有书信来往。许多黄埔学生在入校前就在《中国青年》《黄埔潮》等杂志上读过他的文章，受其影响，投身黄埔军校 [12]。郭沫若曾撰文回忆："在大革命前后的青年学生们，凡是稍微有些进步思想的，不知道恽代英，没有受过他的影响的人，可以说没有。""假使我们从事调查，就会发现从四川那样的山坳里，远远跑到广州去投考黄埔军校的青年，十有八九是受了代英的鼓舞。"[13]

军校设立党代表和政治部是黄埔军校的首创，也是黄埔

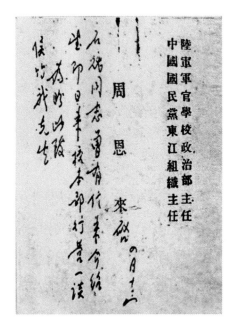

军校同以往军校、学堂的根本区别。黄埔军校政治部代主任熊雄说："中国军队之有政治工作，自本校始。"[14] 但在周恩来任黄埔军校政治部主任之前，军校政治部如同虚设，没有开展实质性的工作。1924 年 11 月，周恩来任黄埔军校政治部主任之后，建立了政治部工作制度，重新制订了政治教育计划[15]，开设了内容丰富的政治课，对不同党派和不同学派的思想理论实行相容并包，给予讲授；对学生一方面讲授孙中山的三民主义，另一方面也灌输马克思、列宁的共产主义思想。社会主义、共产主义书籍，学生皆可阅读，并可以自由讨论及发表意见。教学内容充满了革命气息、反映了思想潮流、呼应了时代脉搏，逐渐形成了一套中国大革命时期军队政治工作方法，创建了崭新的中国革命军队政治工作体系。[16]

恽代英在黄埔军校工作期间，继承和发展了周恩来的军事思想和军队政治工作思想，就革命军队的建设问题，作了许多重要论述，尤其对军队的思想工作建设、政治理论建设作出了重要贡献，使中国共产党领导的革命军队的政治思想工作日臻完善。在黄埔军校期间，他先后编写了《政治学概论》《国民革命》《国民党重要宣言训令之研究》《军队中政治工作的方法》《修正中央军事政治学校政治教育大纲草案》等教材，[17] 还撰写多篇论文阐述军队建设和军队政治工作等，并亲自为学生授课、组织学生开展政治理论研讨和解答学生提问。

恽代英在来黄埔军校之前，并没有接触过军队，更没有做过军队的政治思想工作。但他到黄埔军校后，通过自身的刻苦努力，很快熟悉了军队政治思想工作，由"外行"迅速成为"内行"。他来到黄埔军校之时，正值黄埔学生第四期开学期间，已是"中山舰事件"发生之后，军校内的党派之争已然激烈。为了加强政治教育工作，在他的领导下，黄埔军校特设政治科，以安体诚、肖楚女、张秋人等共产党员和国民党左派为政治教官。经过他们的努力，学校形成了较完整的政治教育体系。[18] 为了尽快熟悉和开展工作，恽代英拼命工作、废寝忘食，工作起来几天都不睡觉，稍有空闲就坐在板凳上眯一会儿。当年毕业留校的陈赓很担心恽代英的身体吃不消，为了能让恽代英多休息一会儿，有一次他在恽代英睡着时，用毛笔把他的眼镜涂黑了。恽代英醒后睁眼，眼前一片漆黑，以为天还没亮，就继续闭眼入睡了。[19]

1926 年 9 月 15 日，恽代英走马上任才四个月，便提出了完整的《军队中政治工作的方法》（《恽代英全集》第八集，

第 156 页）。他在开篇坦言："我在未来黄埔以前，只有几年做普通民众运动的经验，并未在军队中做过政治工作。所以我应当承认我是不配讲这个题目的。不过我自从到黄埔以后，在我四个月的工作中颇得到一些经验，我感觉我们以前军队中政治工作，有许多错误的地方，所以今天我可以提出我个人得来的见解，同各位讨论讨论。"恽代英在文中首先提出了军队政治工作的目的，就是"第一步使武力与人民结合，第二步使武力成为人民的武力"，通过政治工作，引导军队从"第一步"走向"第二步"。其次，指出了军队政治工作的要点，就是"要确定我们要引导他（指士兵——笔者注）到哪个地方去"。他说："我们的士兵自然大多数是被饥寒已经逼上革命之路的，可是他们旧社会的思想习惯已经沾染得很深，他们的满脑子还装着许多反革命的旧观念；我们要根本铲除了这些旧观念，才能使他们站稳革命的立足点，由不自觉的革命以至于自觉的很稳定的努力革命。"最后，他阐述了军队政治工作的关键，就是"要用怎样的方法把现在的军队，引导到我们所要他去的地方去"。为实现此目的，他谈了四点方法："第一，不要夸大政治工作的地位。"要摆正政治工作的地位。"第二，要认清军队的官长是怎样的人。"要善于与军事干部合作。"第三，要谨慎应付环境。"不能一味孤行己意。"第四，宣传不可太着实际。"要从实际出发，开展政治工作。恽代英上述的阐述，是关于革命军队政治思想工作的最早系统论述。

1926 年 10 月，在恽代英的努力和参与下，黄埔军校出台了《中央军事政治学校政治教育大纲》（《恽代英全集》第八集，第 353 页），这是军校政治教育的纲领性文件。《大纲》开篇即提出政治教育就是为了解决"武力为谁所用"的问题。当月 7 日，恽代英在《修正中央军事政治学校政治教育大纲草案》中，就如何实施政治训练作了详细的、具体的论述。他指出："我们国民政府创立这个中央军事政治学校的目的，是要完成中国国民党革命的使命。"并提出为了实现这个使命，政治训练应依据十个条件施行：一、使学生彻底了解他自己的责任，是要能够担负责任使一切已经与国民相

结合的武力，渐进而成为真正的国民之武力。二、使学生彻底
了解军队中政治工作的重要。三、使学生彻底了解本党（指国
民党，下同——笔者注）总理（指孙中山先生——笔者注）学
说与三民主义之根本原理，本党全国代表大会与中央执行委员
会宣言决策案之要点，尤其是本党党部组织与对于农工运动之
态度。四、使学生彻底了解中国的国民革命，一定要与世界资
本帝国主义的革命势力联合起来，不妥协地打倒资本帝国主义
与国内其他的走狗（军阀与买办阶级）。五、使学生彻底了解
各种与革命运动有密切关系的社会科学常识，使他们因此更能
了解党的主义与政策的意义。六、使学生彻底了解世界与中国
政治经济方面各种重要的现象与问题，同时亦注意中国重要各
省都市与乡村政治或社会经济情形。七、使学生彻底了解革命
运动是起于农工群众的物质要求，革命的胜利，亦必须靠农工
群众的努力参加始能有所保障。八、使学生彻底了解纪律是造
成统一集中的力量所必要的。九、使学生彻底了解军事学术与
军事锻炼，对于革命意义上之重要，又学校学生文弱，藐视军
事学术之观念，须力求洗刷干净。十、使学生彻底了解军队中
政治工作应注意的事项，尤其要注意眼前军队的实际内容，认
清在这种军队中政治工作的特别重要与他们的工作的困难，以
便于使他们充分预备自己以求完全适合于工作上的需求。为了
便于理解和操作，恽代英还对每一条都做了通俗的解释。比如
第二点要求学生彻底了解军队中政治工作的重要时，恽代英解

释道："因为只有借政治工作阐明本党的学说与主张，养成士兵确定革命观点，方可以保证军队的统一与为主义奋勇作战的革命精神。"再比如第八点要求学生了解军队中纪律的重要性，恽代英解释道："一个革命党员要为革命的利益牺牲所有的个人自由……若主张个人自由，不屑遵从党章与军纪，便是叛党叛军的行为。"这十个方面，既可看作是黄埔军校对学生进行政治教育的出发点和落脚点，也可看作是军校对学生进行政治教育的目的。军校围绕这十个方面，设置了 18 门政治教育课程。恽代英在黄埔军校第四期和第五期班上教授了"本党重要宣言训令之研究""中国国民党与农民运动""中国国民党与劳动运动""政治学概论"等课程。[20]

1926 年 10 月 7 日，恽代英就实际工作中人们对政治工作产生的误解专门著 3000 余字长文《解释对政治工作的误会》（《黄埔日刊》，中华民国十五年十一月十八日），进行解答。文中列举了三种普遍存在的误会：第一，有好些人以为本校所谓政治教育，便是教授学生若干普通的法政知识，所以凡曾经在法政学校学习过政治学经济学的，便以为一定可以有把握能够在本校做政治教官。第二，有好些人以为政治队的学生是注重在政治学科，他们的军事学术科，不过是一个配角，是无足轻重的，他们的军事风纪，亦是比较没有方法整顿的。第三，有好些人始终怀疑政治工作是与军纪对立的，他们平常便有些疑忌政治工作，若是遇着部队中发生什么纠纷，或不良的现象，便以为一定是政治工作所产生的不良结果。面对存在的问题，恽代英不回避、不抱怨、不指责，而是深入分析、提出解决方法。他说："军队中有政治工作，这本是一件新奇的事情。所以无论是官长，是学生，对于政治工作有时都会有若干误会的地方，这是无足怪异的。但是我们中央军事政治学校的官长与学生，应当首先扫除这些误会。我们学校是现在中国国民革命运动中军事政治工作的中心，我们要使政治工作更能适合国民革命的要求，要使政治工作与军事工作更能有很适当圆满的关系，所以应当担负首先扫除这些误会的责任。"他告诫军队政治工作者："必须要十分慎重地做上去，不能有一点疏忽轻率的心理……我们大家须知军队中需要政治工作，是我们的党的主张。政治工作要能不妨害而且有益于军纪风纪，是我们做军事工作与政治工作的同志共同的要求。"恽代英的"解释"，不仅及时化解了军队官兵对军队政治工作的偏见，而且也指出了军队政治工作的重要性和方法论。

1926 年 10 月 19 日，恽代英就如何上好第五期学生的政治教育课特意给军校政治教官写了一封公开信——《致政治教官公函》（《黄埔日刊》，中华民国十五年十一月十九日）。《公函》一共 18 条，1600 多字，从政治科目教授次数及每次教授事项到讲义编写及印刷，从课表安排及课时时间到教官出勤要求和请假流程，从教官到校途中乘坐交通工具及费用到教官上课时的服装及下课后的食宿，从学生上课时的风纪及教官应负的管理责任到上下课的铃声及铃声之后必须上下课的时点等等，都作了明确规定，既具体又严格。比如对讲义的规定：所规定的教授次数及每次教授学项，如各教官认为有必须修正之处，得商问主任教官。又比如对授课的规定：每堂课教授七十分钟，各教官不得完全作为讲解之用，应将二三十分钟预备答复学生问题，或提出问题指定学生答复。再比如对教官请假的规定：各教官如确有重要原因，必须请假者，最好能预先于前一周星期四以前申明，使排课时有所准备，至迟须于前二日用书面向主任教官申明。还比如对上下课时间的规定：上课下课均以号音为准。除有特别原因，得各区队长官同意外，吹号后五分钟内即须上课或下课以免虚耗学生时间，或防范他人上课。另外，对教官上课着装也有明确的规定：上课出入校门均须佩戴校徽。着军服者须注意服装整齐，并须佩戴臂章。由此可以看出，恽代英在教学方面，不仅对学生要求严格，对教官的要求更加严格，充分体现了为人师表之精神。

恽代英不仅在理论上强调军队政治工作的重要性，还在军队实际工作中加强政治工作。他提出，要在黄埔军校学员区队中"每队加设一指导员，选择政治观念好的人来担任"，责任是"代替政治部做工作"，"地位和区队长差不多，于必要时可以代替区队长"。在革命军取得东征胜利后，恽代英说："革命军为何以少胜多、每战必克？是党约束了军队，党代表以党的主义训练兵士，部勒[21]部队中的党员，一切大事官长须得党代表同意行之。"[22] 为了把黄埔军校行之有效的政治工作制度推广到所有北伐军中，他在 1926 年 10 月 28 日于广州召开的国民党中执委和各省代表联席会议上，极力提议并支持通过关于军队中必须设立党代表和在各省增设军校分校的决定。他在发言时，特别强调军队政治工作的重要性，指出："我们第一、二次东征军及此次北伐军的胜利，固然是前敌将士忠勇奋斗；而且其因为有政治工作，能得到民众的同情拥护，亦是很大的一个原因"[23]。他的这一思想，为后来的"支部建在连上"等军队政治工作原则的形成提供了借鉴[24]。

恽代英在黄埔军校期间的这些论述，形成他在军队政治工作方面的理论体系，不仅为军校政治工作的发展作出了重要贡献，而且为反帝反封建的国民革命作出了重要贡献，也为中国共产党对新民主主义革命理论的探讨作出了重要贡献。[25]

三

恽代英在未到黄埔军校之前，就以广博的知识、敏锐的思想、优美的文章、热情的演讲，深受当时革命青年的喜爱，视他为"青年导师"。他到黄埔军校任政治主任教官时，早已是黄埔学生所熟知的人物。他理论修养深厚，演说诙谐幽默，文章才华出众，学生都爱听他讲课，所以他在学生中威望很高，被称为黄埔的"革命灵魂"[26]。作为政治主任教官，他特别重视学生的政治思想教育，不仅亲自讲授《政治学概论》《社会科学概论》《国际政治》等课程，还在学生中间进行演讲，在学校刊物上发表文章。平时上课的时候，他很少在教室里讲，常常把学生带到操场上讲，因为想听他课的人很多，教室里装不下。他在操场中间放上一张桌子，学生在四周围着，军官喊一声"坐下！"大家都安静坐下来，恽代英就站上桌子开讲。[27] 不论是他的讲课，或是他的文章，都既有理论性又通俗易懂，因此他的思想很容易被大家接受，具有极强的导向性。

恽代英虽未出过国，但熟悉英、德、日多国语言，视野开阔，对国际事务了如指掌。在黄埔军校期间，国际政治是他的主讲课之一，他每次向学生作政治演讲都是座无虚席。那时，广州几乎每天都可以听到他的讲演，羊城的报纸几乎天天都有他的文章。所到之处，或口若悬河、热情奔放地演讲鼓动，或文思敏捷、倚马可待地作文宣传，或循循善诱、诲人不倦地授课辅导，或以身垂范，坚持正义和主张，凡是和他接触过的人，对他都会有极深的印象，许多青年就是在他的生动宣讲和战斗檄文里找到了真理，看到了光明，自觉地走上了革命的道路[28]。恽代英和肖楚女一道，成为黄埔军校政治讲坛上的"日月双璧"，对于他俩的演说，当时在黄埔军校工作的茅盾有一段十分精彩的描述："楚女之演讲，有如进军鼓角；代英则有时嘲讽，有时诙谐，有时庄严，历二三小时，讲者滔滔无止境，听者孜孜无倦容。然雅俗共赏，刺激力强，则又为二人共同擅长。"[29]"当年的黄埔生在几十年后回忆时都说，恽代英、萧楚女是学生们最受欢迎的政治教官，认为恽代英在黄埔学生中的威信，与周恩来可以媲美。"[30]

黄埔军校的政治教育和教学方式不拘一格，灵活多样，不局限于一般的课堂讲授，而是采取适合青年军人特点的多种多样、生动活泼的方式。为培养学生自主思考的能力，提高学生学习和研讨理论的兴趣，注重与当时社会时事政治密切结合。黄埔军校的政治教育除了课堂理论教学外，还采用政治演讲会、政治讨论会、政治"问题箱"等多种形式帮助学生了解国内国际的革命理论和斗争形势，提高研究政治问题的观察力，促进思想革命化。政治讨论会一般由政治部主持，以区队为单位进行。政治部在每次开讨论会时，分派指导员去各区队指导巡视，指导员要酌情解释问题，并在讨论会结束时，依据政治部规定的答案作为结论。恽代英积极支持学生举办"政治讲座会"，学员在会上，可以自由讨论、自由发表意见，也可以提出疑问互答，或请政治教官解答。恽代英和肖楚女、张秋人等政治教官经常参加学员讨论会，对学员提出的问题，恽代英或立即解答，或在课堂上解答。[31]以恽代英为首的政治教官团队深入浅出的解答赢得了学生们欢迎，恽代英和肖楚女、张秋人被学生称为"广州三杰"。

　　为了更好地促进教学，黄埔军校建立了政治问答制度。军校专门设立政治"问题箱"，凡是学生对于主义、政党、革命、政治、经济和社会等方面有疑问时，均可投函于问题箱。问题箱每星期一开箱，由政治主任教官、政治教官分别以书面或口头答复提问者。恽代英、萧楚女、张秋人等共产党人根据学生的提问，认真解难释疑，其中恽代英回答的问题最多。恽代英对学生包罗万象的提问，来者不拒，逐一解答，言简意赅，通俗易懂，受到了学生的青睐。为了让大家都能分享这些知识和思想火花，军校还把这些问答每日刊登在校刊——《黄埔日刊》上。

　　《黄埔日刊》创刊于 1926 年 3 月 3 日，它的前身是周恩来担任政治部主任期间于 1924 年 11 月创办的黄埔军校最早

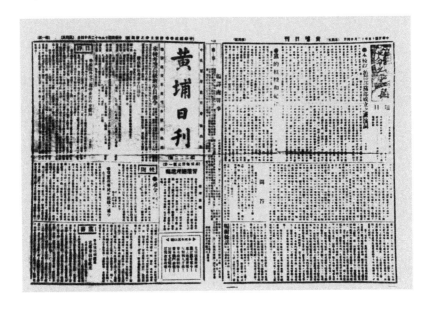

的刊物《士兵之友》（又称《壁报》）。《黄埔日刊》作为黄埔军校的"机关报"，影响力强，发行量大，"遍及全国各省甚至达东、西洋各大埠"[32]。"1926 年，《黄埔日刊》日发行量达 5 万份，中外发行"[33]，而当时国内发行数较大的《申报》和《新闻报》也就数万份。

恽代英作为黄埔军校政治主任教官，政治工作的主导者，思想宣传的践行者，他不仅见证了《黄埔日刊》的成长与发展，而且推动了《黄埔日刊》的成长与发展。他在黄埔军校（本部）工作只有半年多，已发现《黄埔日刊》刊登他的文章或演讲就有 16 篇（其中 9 篇收录在《恽代英全集》——笔者注），而且大部分都是作为重要文章出现。比如，中华民国十五年（1926年——笔者注，下同）十一月十二日，《黄埔日刊》出版了一期《特号》——"总理诞生纪念日特号"，该期《特号》四个版面，全部用红色油墨（通常用黑色油墨）印刷，绝大部分文章都是关于纪念孙中山总理的文章。在这期《特号》的头版，刊登了恽代英的《为什么要纪念总理的诞日》的文章。再比如，在黄埔军校第五期新生入校之际，中华民国十五年十一月十八日的《黄埔日刊》出版了一期《特号》——"本校第五期政治工作教育特号(之一)"，该期四个版面，全部用蓝色油墨印刷，绝大部分内容都是关于如何做好第五期黄埔生的政治教育课的讲授。这期《特号》的头版头条刊登了恽代英的《解释对于政治工作的误会》的文章。在中华民国十五年十一月十九日，《黄埔日刊》又出版了一期《特号》——"本校第五期政治工作教育特号（之二）"，该期依然四个版面，依然全部用蓝色油墨印刷，绝大部分内容依然都是关于如何做好第五期黄埔生的政治教育课的讲授。这期《特号》的第二版刊登了恽代英的《致政治教官公函》。

恽代英充分利用《黄埔日刊》这个黄埔军校最大的"讲台"，不厌其烦地解答黄埔学生的各种提问，用最直接、最通俗、最简练的语言为学生答疑解惑，满足学生的求知欲，提升学习的积极性，传播革命的思想。恽代英还利用《黄埔日刊》这个黄埔军校最大的"窗口"，回复学生诉求自己苦闷和彷徨的来信。在中华民国十五年十一月二十四日星期三的《黄埔日刊》上刊登了恽代英给两位黄埔学生的回信：

张铨同志：

你应怎样努力呢？我以为：

1.多读革命的书报，根本造成革命的人生观，扫除一切错误的遗传精神。

2.和蔼亲切的与同学接近，领导他们左倾，不使有一个迷惑的人。

3.努力预备为被压迫民众工作，宣传组织他们，使他们为了自己起来革命。

士智同志：

　　黑暗的事一定是很多的。我们一方面应当切实知其真相，不要带感情夸大其辞，预备有机会时可以设法整顿；一方（面）仍应在万难中找一部分我们可做的工作，使别的官长乃至士兵都能左倾，以减少军队中坏的影响。

代　英

11 月 19 日

　　恽代英通过教学、演讲和答疑，充分展示他的个人魅力和一个红色教官的风采，很快就赢得了校方和学生的尊重，享有很高的声望。黄埔军校第四期学生毕业时，军校特请恽代英为《黄埔军校第四期同学录》作序。他在《黄埔军校第四期同学录序》中寄语："我于这一期同学录刊印之时，惟有一语可为这一期同学说的，便是我们各人务须努力自爱，忠实尽瘁于国民革命之一途，切不可有一个人有一个时候，因为私利或意气或其他种种关系，做了一点玷污革命，玷污黄埔精神的事……我们一定要唤起全

国被压迫工农群众，为完成国民革命与实现三民主义而奋斗。凡列此同学录的，一个人的行为，都可以影响全体同学的名誉，与'黄埔'前途的光荣。全中国革命的青年都睁着眼睛望我们黄埔的学生，我们要努力以求不负他们的期望。"恽代英的寄语无疑感染了黄埔军校第四期学生，使得这一期学生在整个黄埔军校史中占据显著地位，可与黄埔一期比肩。

四

恽代英在黄埔军校的思想形成不仅体现在他这个时期发表在各种刊物上的文章中，也体现在他这个时期在各种场合的演讲中，还体现在他给黄埔学生的答疑解惑中。《问答代英先生》笔记中记录了恽代英 1926 年 5 月—1926 年 11 月底担任黄埔军校（本部）政治主任教官期间，回答黄埔学生 80 组提问的解答，加之在《〈黄埔日刊〉资料汇编》中新发现的恽代英 1926 年 5 月—1926 年 11 月底担任黄埔军校（本部）政治主任教官期间，回答黄埔学生 35 组提问的解答，共计有 115 组问题解答。许多提问中不止一个问题，所以这 115 组问答题中记录的恽代英答复学生的问题远多于 115 个，有 200 余个。这 115 组提问应该是恽代英在黄埔军校期间回答学生提问的"冰山一角"，因为袁策平的《问答代英先生》笔记至多只抄录了 1926 年 9 月至 11 月底的恽代英解答（袁策平是黄埔六期的学生，黄埔六期招生时间在 1926 年 8 月 1 日—10 月 8 日——笔者注），[34] 然而恽代英在黄埔军校（本部）任教的时间是 1926 年 5 月—1926 年 11 月底；因为《〈黄埔日刊〉资料汇编》只汇编了 83 期《黄埔日刊》（这是广东革命历史博物馆历经 20 余年收集的成果——笔者注），然而《黄埔日刊》从 1926 年 3 月 3 日创刊至 1926 年 11 月 30 日共发行了 472 期。[35] 但在这 115 组问答题的 200 余个问答中，已经涵盖了方方面面，从三民主义到马列主义、从国民革命到世界革命、从经济政治到社会伦理……由此恽代英的理论思想可见一斑。

恽代英面对学生的提问，不回避，不懈怠，不敷衍，不做作，有问必答，单刀直入，言简意赅，通俗易懂。学生提问题总是没有"规矩"和"套路"可言，而是出于各自的认知水平和兴趣，即使涉及主义这样严肃的问题，他们的提问也是五花八门。对于学生稀奇古怪的提问，恽代英都是直面答复，以理服人。例如：

有学生问：马克思是否以物理学家态度称他的社会主义为科学的呢？有机社会的组织能否与物理学的对象视为一律？

恽代英答：马克思是以研究自然科学一样的精神研究社会科学的，有机体的人可以用科学方法研究其生理心理，有机体的社会当然亦可以科学方法研究它的生长变化的。

有学生问：社会主义发明于马克思，共产主义发明于列宁，是么？

恽代英答：社会主义是一个总名，马克思提倡的社会主义便是共产主义。

有学生问：马克思、列宁两导师的著述有没有未曾翻译的出卖，及翻译最好的是哪几种？

恽代英答：马克思的有《共党宣言》、《哥达纲领批评》、《工钱劳动与资本》、《价值价格与利润》；列宁的有《帝国主义》，均有译本，未译者尚多，不易买。

学生大都是抱着救国救民的愿望而来，对于革命的问题不仅十分关心，而且提问犀利直白。恽代英则是从容应对，有问必答。例如：

有学生问：国民政府当然以民众为基础，但是国民革命军基础是什么？

恽代英答：国民革命军是与人民相结合，而逐渐可变为"人民之武力"的军队，它的基础应当仍是民众，但现尚未至此程度。

有学生问：民生主义中之平均地权，不过征收地价税，结果政府能获得大宗收入，只足以限制大地主的发展。但是对于贫无立锥的民众，依然贫者自贫，苦者自苦，政府将设何法以救济之？是否将所收入的地价税，分配与贫苦的民众，使他获得至少生活限度之土地耶？

恽代英答：政府是要用钱收买土地分给贫民，或办理农村事业，以救济贫苦农人。

有学生问：现在革命势力速流的发展，一般土豪劣绅乘机入党，复大演其旧日联络运动之卑污手段，以冀得充造为执行委员，借本党为护身符，而希再展其挂羊头卖狗肉之假招牌。本党真实党员对于此项处置当如何？若在当初即严拒其入党，则示人以不宽；若容纳之，则又难保其不旧病之复发，以失本党真实为农工而奋斗之信用于民众，当用何法方为妥善？

恽代英答：其劣迹多者，当然可以拒绝其入党。同时我们要宽放农工入党，以加强革命派势力。

有学生问：党指挥下的政府，我相信现在必定有贪官污吏，然则何时这些人才可绝迹？

恽代英答：民众势力起来，能监督打倒贪官污吏之时，他们便绝迹了。

学生虽为中国军人，但对国际事务尤为关注，所提问题之多，涉及范围之广，均占现有恽代英解答篇幅之最。可见当时的黄埔学生大都是身在黄埔岛，放眼全世界。正因为此，他们当中的许多人日后成为中国军队的领导者。提出国际问题易，回答国际问题难。因为世界之大，无奇不有；因为当时的中国十分封闭，可以了解世界的渠道实在太少。然而面对学生如潮水般的提问，恽代英则是"水来土掩"。例如：

有学生问：英矿罢工是求物质胜利？是争政权呢？

恽代英答：是争物质生活的经济斗争。

有学生问：金佛郎案，究竟是什么一回事？其内容如何？

恽代英答：即法国因纸币（纸佛郎）低落，故责中国付赔款时，不准用他的纸币（纸佛郎），而须用他的现币（金佛郎）。他的现币比纸币价高三倍。

有学生问：革命为人类图解放，法国革命成功后，竟向弱小民族严酷侵略，如对安南。法国革命是表示何种革命？是不是假革命之名？

恽代英答：法国三次革命都是资产阶级的革命，他们只解放自己，并不愿解放"全人类"。

有学生问：中国海关税和邮务的管理职员为什么用外国人？

恽代英答：因外人用各种方法要挟的结果。

学生大都来自社会底层，他们报考黄埔军校，除了抱有救国救民的远大抱负之外，还有被生活所迫之缘由，所以他们对于经济问题很感兴趣。对于这类带有专业性的提问，恽代英也能对答如流。例如：

有学生问：三国银行团，四国银行团，五国银行团，六国银行团，是哪些帝国主义组织的？各个在我国做些什么坏事？

恽代英答：民国元年英、法、德、美组织四国银行团，承揽中国一切借款。二年因美后大借款，四国团又邀日本俄两国加入，是为六国银行团。后因美国退出，成五国银行团。欧战以后，俄德革命，五国团解体，乃由英、法、日、美组织"新四国银行团"。没有三国银行团——可看中华书局出版小册子《门户开放之今昔观》（定价八分）。

有学生问：英国为世界工商业最发达，且在帝国主义中又最凶猛的国家，如何世界革命不发轫于他？而成功于俄？其理安在？

恽代英答：因英国资产阶级强大，有经验，故比俄国的难推翻。

学生在对政治、经济问题关注的同时，对社会问题也不放过，而且提的问题稀奇古怪。对于这样的提问，恽代英既不责怪，也不拒绝，而是以包容的态度、透彻的道理予以解答。例如：

　　有学生问：我国人口四万万多，水上的蛋民，有没有在内呢？

　　恽代英答：四万万是大约的数目，一切中国人都包括在内。

　　有学生问：妓女是不是无产阶级？她是哪一类的无产阶级？又女优人是哪一类的无产阶级？

　　恽代英答：娼妓她是一种堕落的职业，她靠资产阶级之恩惠以为生，所以虽生活近于无产阶级，利害不一定是相同的；优伶是一种自由职业者，属小资产阶级，如教员等一样。

　　有学生问：胡适之先生说："少谈些主义，多研究些问题。"我以为问题固然要研究，因为要找着社会毛病之所在，不过既把社会的毛病找着以后，就要用一种良好的方法去医治，那就非对于主义有深刻的研究不可。总括一句：就是应当一方面多研究些问题，一方面也要多谈些主义，对吗？

　　恽代英答：你的话我完全赞成。本来主义便是解决各种问题之方法的总称。所以只谈主义，不注意到实际问题，这好比谈药方，而不知病症；只研究问题，而不谈主义，这好比研究病症，而忌谈药方，这通通是笑话。

从提问分类情况看，学生问得最多的问题是"国际事务"，其次是"国民革命"和"马列主义"。由此可见，大革命之初，革命青年对世界革命的重视，对发达国家的关注，对革命理论的渴望；由此可见，黄埔学生对恽代英的革命思想、理论水平和国际视野的倾慕。

古人云：金无足赤，人无完人。面对黄埔学生方方面面的提问，恽代英也有不知道的。面对此情此景，恽代英不文过饰非，不知道就说不知道，充分体现了共产党人实事求是的精神，充分体现了贤达学者襟怀坦荡的风范。例如：

有学生问：今年的日耳曼会议的内容是怎样？

恽代英答：这会议我不知是今年何时开的？请告我。

有学生问：国民革命成功后，论历史上、政治上、地理上，则中央政府当设何处为适？

恽代英答：无定说。

有学生问：国民革命成功后，对外废除一切不平等条约、收回租界及不认历年来军阀的秘密借款时，有否战事发生？

恽代英答：帝国主义本身有许多困难，不一定能开战。

1926 年 12 月 13 日的《黄埔日刊》登载的恽代英回复学生的"政治问答"，是恽代英在《黄埔日刊》上发表的最后文字。不过，这些文字虽然刊登于 1926 年 12 月 13 日，并不能说明恽代英 12 月 13 日还在黄埔军校（本部），这些文字应该是恽代英在 12 月 1 日之前写的。著文时间与刊登时间，存在时间差。比如，《熊雄副主任对于赴武昌政治科学生最后之训话》是在 1926 年 11 月 30 日讲的，直到 12 月 3 日才刊登在《黄埔日刊》上；1926 年 12 月 1 日黄埔军校政治部召开的第五期第一次教务会议的情况，直到 12 月 4 日才刊登在《黄埔日刊》上。新闻报道尚且如此，更何况一般文章。

五

恽代英思想体系的形成和其个人魅力的形成不仅源于他的文字，也在于他的演讲。

当时身为上海南洋大学学生的陆定一，在五十年后描述他第一次与恽代英相见时说，五卅运动前夕，学校召开大会，"校方发言人讲话之后，学生会负责人忽然介绍一位陌生人上台讲话。这个人光头，穿一件'爱国布'（一种便宜的布）长衫，湖北口音，声音像四部合唱中的最低音。讲的不是'工业救国'、'道德修养'那些老套，而是国家大事……他说理明白，有学问，是个学者……这个像小学教员打扮的学者，究竟是什么人呢？后来知道，原来他就是恽代英同志，一个共产党员……这个形象，我至今不忘。"

新中国成立后曾担任最高人民检察院副检察长的陈养山在回忆他聆听恽代英的演讲时说，1925年5月5日是马克思107岁诞辰日，上海大学举办了纪念会，有五六百人参加，恽代英在会上作了演讲。"他的口才很好，善于演讲，讲得生动幽默，深入浅出，会场静悄悄，大家都聚精会神地听，又不时全场鼓掌或哄堂大笑。真是就听不厌，使人振奋。"[36]

曾经与恽代英共事十年的罗章龙这样评价恽代英的演讲："代英登台讲演辩才无碍，证论渊博，一座为之倾服。但有时语亦多幽默，如讥讽当代达官贵人为'富贵闲人'，对那些口头革命而不积极工作者称为'革命闲人'，又如讽刺某些老爷养尊处优，'有的出卖灵魂，有的只有躯壳，并无灵魂可卖。'妙语解颐，刻骨铭心，颇足发人深省。"[37]

党内人士异口同声赞美恽代英的演讲，党外人士亦如此。20世纪30年代初，一个听过恽代英演讲的学者说，1925年1月21日的列宁逝世周年纪念日，在上海南市举办了一个纪念会，我去参加了。"纪念会中有四个人演讲：邵力子、张太雷、恽代英，还有一个不认识的。邵力子的声调太平；张太雷的态度欠严肃一点儿；不认识的人讲得更坏，四个人中，要算代英讲得最好了。"[38]

社会人士喜欢恽代英的演讲，青年学生更是如此。1926年初，恽代英抵达广州出席中国国民党第二次全国代表大会后，留任广州期间，因其的博学才气和个人魅力，演讲更是频繁。在他尚未到黄埔军校任职期间，时任黄埔军校政治部副主任的鲁易即请他到军校讲演。"学生见恽衣冠垢敝，貌不惊人，目为乡下土老儿，不愿聆彼之讲演。不意恽一上台讲演，即彩声四起，盖恽固具有煽动天才，讲演尤为其之特长。当时武汉、广州各处革命空气高涨，演说为一种必要工具，据一般公评，当时最好之演说家，恽代英与汪精卫二人而已。恽之讲演，既受学生欢迎，校长将介石乃请恽在学校任政治主任教官。"[39]

恽代英担任黄埔军校（本部）政治主任教官后，多次在黄埔军校演讲，颇受学生欢迎。1926年秋，在黄埔军校第四期学生举行毕业典礼上，恽代英向即将到前线参加北伐的同学作临别赠言时，作了精彩演讲。他从世界潮流、国内形势谈到乐观的革命前景和可能遇到的困难，嘱咐大家到了前线，应该和民众打成一片，团结进步力量，讲究斗争艺术，逐步改造旧军队，使之成为真正的革命军队，才能实现打倒帝国主义、打倒军阀的宏伟事业。由于他的讲演有针对性，亲切感人，两个多小时的讲话，就像磁石一样吸引着全场二千多名师生专心倾听。[40]

那时，广州几乎每天都可以听到他的讲演，羊城的报纸几乎天天都有他的文章。凡是和他接触过的人，对他都会有极深的印象，许多青年就是在他的生动宣讲和战斗檄文里找到了真理，看到了光明，自觉地走上了革命的道路。[41]

恽代英为世人所敬重，除了他思想先进、知识渊博、才华横溢，还有他的个人品质。别的不说，单就勤俭自律这一点即令众人叹服。

恽代英在 20 世纪 20 年代初期，在全国青年人中就是鼎鼎有名的人物了，当时的"现代的知识青年，很少有人不知道恽代英这样一个人"[42]。当时他的收入也是很可观的：1923 年，恽代英在成都高等师范学校任教时，月薪 100 元；1924 年，恽代英在国民党上海特别执行部任宣传部秘书时，月薪 120 元；1926 年，恽代英在黄埔军校（本部）任政治主任教官时，月薪是 280 元。那时，恽代英的收入足以使他过得很体面，可他却过着十分清贫的生活。

1920 年 11 月，恽代英应安徽省立第四师范学校校长章伯钧之聘，出任该校教务主任。师生们久闻其大名，前往码头相迎，恽代英却自己挑着行李先到了学校。孰料，他过于"朴素"的装束却让校工把他当作"脚夫"拒之门外。[43]

1924 年冬天的一个大雪纷飞的晚上，一位上海的年轻知识分子第一次见到了他的"偶像"："我们几个在小北门振业里口的上海书店里闲谈，张秋人同了一个人匆匆地敲门进来。'你们没有见过吗？这是代英。'秋人为我们介绍。久仰大名的恽代英，原来是这样一个家伙：瘦瘦的身材，脸有点长形，很苍白，加以他的头发留得太长，胡子也没有刮，更显出那种营养不足的憔悴的景况。穿一套黑呢的学生装，已经旧得破了几个洞。披一件比学生装更旧的黑呢大衣，大衣的袖子比学生装的袖短了一寸。皮鞋也破旧得不堪。"[44]

陈养山曾去过恽代英在上海的家：他的房间除一桌一床一凳外，仅有几个书架的书和报刊。他的饮食也十分"寒酸"，常在小饭店吃饭或买大饼充饥。陈养山一次在电车上见他在吃大饼，问道：为何在车上吃饼？恽代英说：因赶时间，常如此。他无法想象，一个拿着高薪的大知识分子，却过着最底层人的生活（在车上或街上吃大饼，是上海最下层人们的生活——陈养山说）。

恽代英如此之"抠"，他的钱去哪了呢？他在成都高等师范学校时，"每月自己只用4元，除了洗衣费外，最大部分是买信封、邮票和明信片。""以一部分帮助弟妹、朋友和学生，绝大部分都用来支援他与友人在武昌建立的一所中学和一家书店。"[45] 他在黄埔军校（本部）时，"自己只取了30元，以250元缴了党费"[46]。1926年12月，恽代英调任黄埔军校武汉分校政治总教官，同时担任国民党湖北省政府委员等职，为当时武汉政府重要红人之一。"月入甚丰，除兼职不取薪外，月入亦有六百金以上。但恽每月只用三十元，其余尽缴共党，以作党费。"[47]

恽代英的勤俭和苦行，既传承了古代先贤的优秀品质，又体现了革命者的崇高情操，还表现了他身体力行的实践精神。他曾对友人说："中国最苦的人是劳动人民，如果我们要接近劳动人民，为劳动人民所信服，必须要自身就从艰苦朴素做起。"柳亚子在恽代英就义后，写诗哀悼，他在《哭恽代英诗》中写道："苦行嗟谁及"[48]。萧楚女称其为"当代的墨子"[49]。

六

1926 年 10 月 10 日，北伐军攻克武汉三镇。10 月 15 日至 28 日，国民党在广州召开了中央执行委员及各省区代表联席会议，恽代英出席了会议。会议决定在武昌成立黄埔军校武汉分校，黄埔军校政治科全体学生迁到黄埔军校武汉分校。恽代英奉令到黄埔军校武汉分校任政治总教官。

1926 年 11 月 24 日晚上 7 时，黄埔军校政治部在校部官长会客厅召开了第五期第一次政治工作会议，会议由政治部熊雄副主任主持。恽代英出席会议并讲话，他首先报告了第四期政治教育概况：第四期政治教育，原依照高语罕同志所定计划实施，但因种种困难不能达到最初预定的目的，然而第四期学生对于一般的政治知识亦有相当的获益。他接着对第五期政治教育发表了意见：根据第四期工作所得的经验来详细规划第五期的政治教育，将来或可得到比较良好的成绩。至于第五期各学队添设指导员，亦为事实所要求。因指导员可以调查各队教育的情形，按期报告政治部，我们可以根据该项报告以解决一切困难问题。恽代英讲话后，政治教官孙炳文接着发言。他说，恽主任教官将赴前方，奉校长和方教育长（**校长为蒋介石，方教育长为方鼎英——笔者注**）的命令，我将代恽主任教官职务，希望各位同志随时指导。[50] 这次会议是恽代英卸任黄埔军校（本部）政治主任教官的发布会，也是恽代英在黄埔军校（本部）出席的最后一次会议。

1926 年 12 月 1 日凌晨 3 时，黄埔军校政治科全体官生告别黄埔岛，从学校乘船，前往长沙火车站，奔赴武昌。当天晚上 7 时，黄埔军校政治部在校部政治部会议室召开第五期第一次教务会议，参加会议的政治教官名单中没有了恽代英。会议由熊雄副主任主持。熊雄说："今天是第五期第一次教务会议。从前因各教官多在广州兼职难

于召集，而恽教官常川驻校，遇事能负完全责任，亦无时常开会之必要。故至今日，始有第一次会议。"[51] 由此可见，恽代英此时已离开黄埔军校（本部），同时也可知恽代英在黄埔军校的地位之重和作用之大。

《恽代英与黄埔同学问答录》的这些内容，为后人留下了恽代英在黄埔军校（本部）期间的思想火花，留下了恽代英在政治理论方面的精彩瞬间，留下了恽代英在为人之师岗位上的闪光之处，也为中国共产党人早期在宣传、普及马列主义和革命道理道路上留下了光辉足迹。学生是"千条线"，老师是"一根针"，面对学生千奇百怪的问题，不是"满腹经纶"者，是难以招架的。从恽代英与黄埔军校同学的问答中，我们不仅可以对他作为中国共产党著名的理论家略知一二，还可以对他远大的理想、宽广的胸怀、深邃的思想、丰厚的理论、解惑的能力、奉献的精神深刻领会。

从 1924 年秋到 1926 年底，可以说是黄埔军校政治部工作的鼎盛时期。黄埔军校的政治工作，在周恩来的领导下，在"红色教官"创造性的推动下，在一大批共产党人的努力下，建立了严密的组织和制度，开拓了中国政治教育和政治工作的新模式，积累了成熟的经验，开始系统化和条理化，这些经验后来推广到整个国民革命军，成了革命军队的灵魂，对后来国共军队政治工作的建设产生了深远的影响。[52] 毛泽东曾对黄埔军校的政治教育工作给予极高的评价："那时军队设立了党代表和政治部，这种制度是中国历史上没有的，靠了这种制度使军队一新其面目。一九二七年以后的红军以至今日的八路军，是继承了这种制度而加以发展的。"朱德也说："研究党的军史时，应当从这个老根上研究起。"恽代英是其中十分出色的一员。他的军队政治思想工作理论，不仅在当时对黄埔军校政治工作制度的建立与完善作出了突出贡献，而且为后来中国工农红军政治工作的建立、发展提供了宝贵的历史经验，为建立人民军队的思想政治工作奠定了坚实的基础。他的军队政治工作思想，对我军的建设具有深远的影响。直到今天，中国人民解放军政治工作的若干基本原则和形式，仍留有当年的印记。[53] 周恩来后来对黄埔军校的政治工作作过总结，他说："以革命的主义为基础的革命政治工作，是一切革命军队的生命线与灵魂！""政治力量超过了敌人，提高了战斗力，保障了军队本身及军队与人民的团结。当时国民党正因为有了这一铁的事实的教训，才决心以建立革命的政治工作为中心，继续成立新的革命军队，改造旧的军队，如是才有北伐的胜利。"这是对黄埔军校开创的革命军的政治工作的基本结论。[54] 在黄埔军校的"红色教官"中，恽代英不愧是佼佼者，在人民军队思想政治工作的创建中，恽代英不愧是开拓者。

注　释:

[1] 肖雷:《民国南京四大监狱仅存一座　恽代英在此被枪杀》,《扬子晚报》2013 年 1 月 7 日。

[2] 贾晓明:《恽代英在最后的日子里》,《人民政协报》2018 年 8 月 9 日。

[3] 笔者访中共广东省委党史研究室原主任曾庆榴语。

[4] 吴鸣:《恽代英在黄埔军校时期思想述评》,《中国井冈山干部学院学报》2017 年第 5 期。

[5] 吴鸣:《恽代英在黄埔军校时期思想述评》,《中国井冈山干部学院学报》2017 年第 5 期。

[6]《纪念恽代英诞辰 120 周年活动集锦》。

[7] 军事科学院军事历史和百科研究部:《恽代英对人们军队创建与发展的卓越贡献》,《解放军报》2015 年 12 月 29 日。

[8] 广东革命历史博物馆编著:《黄埔军校图志》,广东人民出版社 2010 年版,"综述"第 1 页。

[9] 广东革命历史博物馆编著:《黄埔军校图志》,广东人民出版社 2010 年版,"综述"第 2 页。

[10] 广东革命历史博物馆编著:《黄埔军校图志》,广东人民出版社 2010 年版,"综述"第 4 页。

[11]《恽代英全集》第九卷,人民出版社 2014 年版,第 328 页。

[12] 黄埔军校同学会秘书长杭元祥在《恽代英全集》出版座谈会上的讲话，2014年11月25日，《〈恽代英全集〉出版座谈会新闻资料集锦》第43页。

[13] 恽希良、恽希友：《此情绵绵似江流》，《解放军报》2015年9月10日。

[14] 广东革命历史博物馆编著：《黄埔军校图志》，广东人民出版社2010年版，第12页。

[15] 吴鸣：《恽代英在黄埔军校时期思想述评》，《中国井冈山干部学院学报》2017年第5期。

[16] 陈宇：《中国黄埔军校》，解放军出版社2007年版，第163页；黄埔军校同学会秘书长杭元祥在《恽代英全集》出版座谈会上的讲话，2014年11月25日，《〈恽代英全集〉出版座谈会新闻资料集锦》第43页。

[17] 军事科学院军事历史和百科研究部：《恽代英对人们军队创建与发展的卓越贡献》，《解放军报》2015年12月29日。

[18] 曹大伟：《恽代英：进步青年革命征程的"明灯"》，《深圳特区报》2011年6月24日。

[19] 夏杨：《陈赓大将"重回"黄埔军校》，《羊城晚报》2013年12月10日。

[20] 辛增明：《熊雄在黄埔》，广东人民出版社2018年版，第63页。

[21] 部勒：部署；约束。

[22] 曾庆榴:《共产党人与黄埔军校》,广州出版社 2013 年版,第 161 页。

[23] 胡提春:《恽代英在广东的革命实践》,《广东党史》1995 年 4 月。

[24] 军事科学院军事历史和百科研究部:《恽代英对人们军队创建与发展的卓越贡献》,《解放军报》2015 年 12 月 29 日。

[25] 吴鸣:《恽代英在黄埔军校时期思想述评》,《中国井冈山干部学院学报》2017 年第 5 期。

[26] 辛增明:《熊雄在黄埔》,广东人民出版社 2018 年版,第 209 页。

[27] 阳翰笙:《照耀我革命征途的第一盏明灯》,载《回忆恽代英》,人民出版社 2015 年版,第 19 页。

[28] 恽希良、恽希友:《此情绵绵似江流》,《解放军报》2015 年 9 月 10 日。

[29] 曹大伟:《恽代英:进步青年革命征程的"明灯"》,《深圳特区报》2011 年 6 月 24 日。

[30] 陈宇:《中国黄埔军校》,解放军出版社 2007 年版,第 161 页。

[31] 曹大伟:《恽代英:进步青年革命征程的"明灯"》,《深圳特区报》2011 年 6 月 24 日。

[32] 陈宇:《中国黄埔军校》,解放军出版社 2007 年版,第 147 页。

[33] 樊雄:《〈黄埔日刊〉考析》,载广东革命历史博物馆编:《〈黄埔日刊〉资料汇编》,科学出版社 2020 年版,第 VII 页。

[34] 辛增明:《熊雄在黄埔》,广东人民出版社 2018 年版,第 317 页。

[35] 辛增明:《熊雄在黄埔》,广东人民出版社 2018 年版,第 92 页。

[36] 陈养山:《恽代英是我走向革命的引路人》,载《回忆恽代英》,人民出版社 2015 年版,第 31 页。

[37] 罗章龙:《十年道谊兼师友　试剑石前泪泗沱——忆恽代英同志》,载《回忆恽代英》,人民出版社 2015 年版,第 138 页。

[38] 筱林:《恽代英印象》,《社会新闻》第 7 卷第 24 期,1934 年版。

[39] 林轶青:《中国的红星》,人民出版社 2019 年版,第 99 页。

[40] 胡提春:《恽代英在广东的革命活动》,广州党史网。

[41] 恽希良、恽希友:《此情绵绵似江流》,《解放军报》2015 年 9 月 10 日。

[42] 筱林:《恽代英印象》,《社会新闻》第 7 卷第 24 期,1934 年版。

[43] 王相程、傅靖博、田雨鑫、刘晚晴:《恽代英的"最

in"简历》，华中师范大学，《中青在线·新闻》2019年11月22日。

[44] 筱林：《恽代英印象》，《社会新闻》第7卷第24期，1934年版。

[45] 钟心见：《碎忆恽师》，载《回忆恽代英》，人民出版社2015年版，第173页。

[46] 筱林：《恽代英印象》，《社会新闻》第7卷第24期，1934年版。

[47] 林轶青：《中国的红星》，人民出版社2019年版，第99页。

[48] 郑南宣：《永远的敬仰》，载《回忆恽代英》，人民出版社2015年版，第116页。

[49] 李良明、恽铭庆：《日月经天，精神永存——纪念恽代英同志诞辰120周年》，《光明日报》2015年8月19日。

[50] 《黄埔日刊》1926年12月3日。

[51] 《黄埔日刊》1926年12月4日。

[52] 广东革命历史博物馆编：《黄埔军校》，广东教育出版社2014年版，第62页。

[53] 军事科学院军事历史和百科研究部：《恽代英对人们军队创建与发展的卓越贡献》，《解放军报》2015年12月29日。

[54] 曾庆榴：《共产党人与黄埔军校》，广州出版社2013年版，第309页。

恽代英黄埔军校问答录

第一篇　马列主义篇

1. 马克斯［思］是否以物理学家态度称他的社会主义为科学的呢 [1]？有机社会的组织能否与物理学的对象视为一律？

答：马克斯［思］是以研究自然科学一样的精神研究社会科学的，有机体的人可以用科学方法研究其生理心理，有机体的社会当然亦可以科学方法研究他［它］的生长变化的。（1926年11月24日《黄埔日刊》）（《政治问答》2—4）

2. 马克斯［思］考察英国的事实就算是科学上归纳方法的□□□（能事么）？而遽定下公律以概括一切甚［什］么？

答：他考察英国事实在《资本论》中举了许多事例而归纳出结论 [2]，这总比完全不根据事例专由主观说出的靠得住多了。（1926年11月24日《黄埔日刊》）（《政治问答》2—7）

3. 列宁主义是否是共产主义 [3]？

答：他是主张以新经济政策贯彻共产主义。（1926 年 11 月 25 日《黄埔日刊》）（《政治问答》2—9）

4. 马克斯［思］、列宁两导师的著述有没有未曾翻译的出卖，及翻译最好的是哪几种？

答：马克斯［思］的有《共产党宣言》、《哥达纲领批评》、《工钱劳动与资本》、《价值价格与利润》；列宁的有《帝国主义》，均有译本，未译者尚多，不易买。（1926 年 12 月 1 日《黄埔日刊》）（《政治问答》2—13）

5. 中国此时能否可用马克斯［思］的资产集中于少数的那个条件□□□（来改造）？

答：一定要使资本集中，中国产业才能发展。总理主张国营［家］产业□□（即是）此意。（1926 年 11 月 24 日《黄埔日刊》）（《政治问答》2—16）

6. 苏俄是否行列宁主义 [4]？

答：是的。（1926 年 11 月 25 日《黄埔日刊》）

7. 共产主义完成期，每个人都"各尽所能，各处所需"，这和无政府主义最终目的，同不同呢？

答：共产主义完成期，便是无政府主义。（1926 年 11 月 25 日《黄埔日刊》）（《政治问答》2—27）

8. 唯物史观上说资本家形成到最高度就会崩溃，但是俄国的资本家与美国资本家比较，当然较［比］不□（上）美□（国）的发达，何以俄国反革了命，而美国仍能□□（保持）到今，□（这）是甚［什］么原故？

答：俄国的社会革命，是世界资本主义发达的结果。俄国本国资本主义的程度虽低，□□（而整）个世界的资本主义却已发展到最高度。因为俄国的资本主义较弱，所以容易开始社会革命；英美资本主义较强，社会革命反而较难开始，这正足以证明唯□（物）史观理论的正确。（《政治问答》5—22）

9. 国家主义与军国主义有别否？

答：名虽不同，实质是差不远的。国家主义□（是）资本帝国主义对外用以扩张资产阶级的统治□（权），对内用以压□（迫）平民或欺骗平民为资产阶级利益而牺牲的一种工具。军国主义是资本帝国主义□□（强迫）全国多数人民皆服兵役，用以达到他们所要达到的目的的一种工具。（《政治问答》3—16）

10. 贝里克民主主义与卢梭《民约论》主张有不同点否[5]？

答：他们同是"有阶级的主政治主义"——即同是主张以贤人治国，而小民则当"不识不知，顺帝之则"，好好地替他们纳税、当兵的主义。

11. 何为树的党与乌托邦主义？

答：树的党是广州反动派以棍 stick 捣乱的分子；乌托邦主义是空想的，即不根据事实的主张。（1926 年 11 月 24 日《黄埔日刊》）

12. 俄国现行新经济政策是共产主义过渡的政策吗？

答：是的。（1926 年 11 月 2 日《黄埔日刊》）

13. 社会主义发明于马克斯［思］，共产主义发明于列宁，是么？

答：社会主义是一个总名，马克思提倡的社会主义便是共产主义。（1926 年 11 月 2 日《黄埔日刊》）（《政治问答》2—10）

14. 俄国的白党是不是帝国主义思想？

答：是的。（1926 年 11 月 2 日《黄埔日刊》）

15. 国家主义领袖是谁？

答：无重要领袖。（1926 年 11 月 2 日《黄埔日刊》）

16. 国家资本主义与国家社会主义有何分别？

答：是一样的，但只以实行者是站在资本主义或社会主义而分别之。（1926 年 11 月 2 日《黄埔日刊》）（《政治问答》3—24）

17. 国家社会主义与国家社会政策有何区别？

答：国家社会政策则是无行社会主义之诚心，仅以此政策为软化无产阶级之法。（1926 年 11 月 2 日《黄埔日刊》）（《政治问答》3—17）

18.11 月 1 日《黄埔日刊》"问答"栏中，韩继文同志问云："人类历史的变迁以物质为中心，对吗？抑以精神为中心呢？"先生答："当然以物质为中心。"然而，孙总理民生主义第一次讲说："马克思说，以物质为历史中心。后来牛顿说，太阳为历史的中心……威廉氏说，马克思以物质为历史的重心，是不对的，社会问题才是历史的重心……社会问题以生存为重心……民生问题就是生存问题，民生为社会进化的重心，社会进化又为历史的重心。归结到历史的重心，是民生，不是物质。"即先生所答有否与总理相违？请详细指教。

答：总理所说，是将民生划在物质以外。物质专指"生产工具"而言，故说不能以物质为中心。若物质与精神对称，则民生如衣食住行均是物质方面的事，而非精神方面的事。此所谓物质，包括衣食住行，故亦可说以物质为中心。（1926 年 12月 7 日《黄埔日刊》）（《政治问答》4—40）

19. 现在苏俄是一个共产的国，他分配以什么为标准呢？

答：还未能完全实现共产，分配以劳力为标准。（1926 年12 月 8 日《黄埔日刊》）（《政治问答》1—19）

20. 什么是赤党？什么是白党？列宁是赤党或是白党？

答：现在一般人〈役〉，要打倒资本主义、建立无产阶级专政国家的是赤党，所以共产党（俄国旧称布尔塞［斯］维克党）称为赤党。列宁是俄国共产党的领袖。拥护资本主义、反对共产主义或共产党的是白党。（1926 年 12 月 8 日《黄埔日刊》）（《政治问答》9—10）

21. 我同时看了两种以上的主义，对于其中长短是非不能下一个确切的判断，这或者是我的知识幼稚的缘故吧！有人说可以用唯物史观的眼光去下批评。这个说法对不对？

答：判断各种主义的优劣，我以为：第一，须将各种主义的真相大概研究一番；第二，去看各种主义理论的根据是否事实相合，例如国家主义者说，中国没有劳资阶级，劳资间没有冲突，便完全与事实不合；第三，须看各种主义是否有实行的可能，如无政府主义，毫无办法，便是无实行可能的。唯物史观是根据历史事实说明人类进化原则的。了解唯物史观的人，对于一般不根据事实的理论，很容易知道他的谬误。（1926 年 12 月 13 日《黄埔日刊》）

22. 社会为什么发生革命？

答：社会的实质（经济）改变了，而建筑在这实质上的社会制度未改变，遂生出社会关系的大矛盾来，所以发生革命。

23. "革命"二字之正确解释怎样？

答：革命是大多数被压迫民众打倒压迫者的争斗。

注　释：

[1] 马克思，全名卡尔·海因里希·马克思（1818—1883），早期在中国被译为麦喀士，犹太裔德国人。德国伟大的思想家、政治家、哲学家、经济学家、革命理论家和社会学家。全世界无产阶级和劳动人民的革命导师、科学社会主义的创始人、国际共产主义运动的开创者。主要著作有《资本论》《共产党宣言》等，创立了历史唯物主义的哲学思想，创立了伟大的经济理论，认为资产阶级的灭亡和无产阶级的胜利是同

样不可避免的。与恩格斯共同创立的马克思主义学说，被认为是指引全世界劳动人民为实现社会主义和共产主义伟大理想而进行斗争的理论武器和行动指南。1883年3月14日下午两点三刻在伦敦寓所辞世。

[2]《资本论》全称《资本论：政治经济学批判》，是卡尔·马克思创作的政治经济学著作。全书共三卷，以剩余价值为中心，对资本主义进行了彻底的批判。1867年9月14日，第一卷出版；后两卷在马克思死后，由恩格斯整理其遗稿，分别在1885年、1894年出版。第一卷研究了资本的生产过程，分析了剩余价值的生产问题；第二卷在资本生产过程的基础上研究了资本的流通过程，分析了剩余价值的实现问题；第三卷讲述了资本主义生产的总过程，分别研究了资本和剩余价值的具体形式，这一卷讲述的内容达到了资本的生产过程、流通过程和分配过程的高度统一，分析了剩余价值的分配问题。

[3] 列宁（1870—1924），原名弗拉基米尔·伊里奇·乌里扬诺夫，列宁是他参加共产主义运动后的化名，生于俄国辛比尔斯克。著名的马克思主义者，无产阶级革命家、政治家、理论家、思想家，布尔什维克党的创始人，十月革命的主要领导人。继承了马克思主义并与俄国革命相结合，形成列宁主义。在革命领导权问题上，认为必须由无产阶级领导。关于政权问题，在其所写的《国家与革命》中，提出无产阶级必须粉碎现存的国家机器，实行无产阶级专政。1917年11月7日，

亲自领导了武装起义，占领俄国临时政府所在地冬宫，宣告推翻俄国临时政府，取得了十月社会主义革命的胜利，创建了第一个社会主义国家，并当选为第一届苏维埃政府主席，颁布了《和平法令》和《土地法令》。1924 年 1 月 21 日在莫斯科附近的哥尔克村逝世。

[4] 苏俄，即苏联。

[5] 卢梭（1712—1778），出身于瑞士日内瓦的一贫苦家庭，一生颠沛流离，备历艰辛。法国 18 世纪启蒙思想家、哲学家、教育家、文学家，民主政论家和浪漫主义文学流派的开创者，18 世纪法国大革命的思想先驱。1762 年因发表《民约论》（又译《社会契约论》）、《爱弥儿》而遭法国当局的追捕，避居瑞士、普鲁士、英国。1778 年在法国巴黎逝世。

《民约论》是卢梭的代表作，其中心思想是：人是生而自由平等的，这是天赋的权利。国家则是由自由的人民自由协议的产物。如果人民的自由为强力所剥夺，人民便有起来革命的权利，可以用强力夺回自己的自由。

第二篇　国民革命篇

1. 现在反动派如军阀等，均谓本党赤化 [1]。昨与一同学辩论，□□（同学）言在此时，绝不可在民众方面承认赤化，因为民众对于赤□□（化很）恐怖的。但是，我觉得联俄是总理遗下的政策 [2]，而且是促□□（革命）成功的无上策略。我们应当明白承认，只要向民众显明的□（提）出，叫他注意本党赤化的真像 [相]，是么？

答：赤化问题是必须向民众解释的，若我们不解释，□□□（而反动）派只顾这样宣传，结果民众还会当真受他的迷惑了。（《政治问答》1—29）

2. 本党革命进行分三个时期，要到那 [哪] 个时期才算革命成功？

答：要□（达）到宪政时期，才算革命成功。（《政治问答》1—32）

3. 总理主张国民会议中，全国各军（连反革命军队）均□（得）选□（举）代表，同时又主张赦免政治犯，保障选举，提案及宣传，讨论□（之）自由，其用意何在？

答：总理要军人受革命影响，故主张军人参加，反革命军队是官长反革命，非军人反革命也。总理又要在国民会议□□□（以前有）宣传讨论之自由，因这样才可使本党主张为民众所了解接受，反革命的人一定无法在理论上胜过我们也。（1926 年 11 月 26 日《黄埔日刊》）（《政治问答》1—36）

4. 国民政府当然以民众为基础，但是国民革命军基础是什么？

答：国民革命军是与人民相结合，而逐渐可变为"人民之武力"的军队，他［它］的基础应当仍是民众，但现尚未至此程度。（《政治问答》1—37）

5. 平均地权有说，使地主不敢将"地价"报多报减，国家用"照惯征税"及"收买土地"两方法，设使全国地主将"地价"报减，国家那［哪］有这样多的钱，来收买全国的土地呢？

答：国家收买土地之钱仍由累进税向有钱人抽收得来的。（1926 年 11 月 25 日《黄埔日刊》）（《政治问答》1—13）

6. 这次中央及各省党部联席会议议案中，有对于平民□□（教育）之普及一项。今省政府行政方针对于农村教育问题□□□（亦有普）及，是否是遗背？抑另有意义在？请以示知！

答：农村教育问题当然是应注意的，省政府行政方针所未提□□（及的）事，凡联席会议（议）决的，省政府都应当照办的。（1926 年 11 月 26 日《黄埔日刊》）

7. 改组后的省政府行政方针，关于农民方面，仅仅组织委员会研究解决农民纠纷问题，于农村教育问题何□（以）并无提及?

答：固然。谭延闿先生说 [3]："不要铺张，不要高调。"然这农村教育问题，我觉得并不高调，而且是目前急务！想以广东为模范省，解决了农民纠纷是否可以就做得到呢？况党的基础是建筑农民阶级上面。现农民阶级是非常复杂，文化程度非常之低，若仅解了农民纠纷，而没有提高农民文化程度，□□（占有）全人口百分之八十五为党的基础的农民，若依然浑噩，而党的基础是否有所影响？（1926 年 11 月 26 日《黄埔日刊》）

8. 县党部与县政府关系如何？

答：将来县党部要指导县政府，现县党部尚未健全，无此权力。（1926 年 11 月 26 日《黄埔日刊》）（《政治问答》1—23）

9. 如果我们说国家主义（派），所提的"全民革命"，这口□□□（号是糊）涂笼统。自然，我们要说"一个国家里面，除掉那卖国借□□（款穷）兵黩□□（武的）、贪财夺利的、杀戮人民的军阀，及其附属的一切工具，□（官）僚、政客、买办阶级，以及一切作奸犯科的人□□（而外）"，还有什么"全民"呢？但是假使同时又有人问："本党□□（所提）的国民革命"的口号，这些军阀、官僚、买办阶级，以及一切

作奸犯科的人，又是否国民呢？如是"国民革命"的口号，又
□□□（岂不是）与国家主义派同样的毛病吗？像这样问起来，
怎□□（样同）他解释呢？

答：本党第一□（次）代表大会宣言中解释民权主□（义）
有"民国之民权，唯民国之国民及能享之，必不轻授□□（民
权）于反对民国之人。"你□（所）说的军阀官僚……均是反
对民国□（之）人，当然不是民国的国民。国民革命当中的革
命分子，也没有包括他们在内。（《政治问答》5—4）

10. 何谓第三国际？

答：第三国际即五十六国共产党的中央总机关，立在莫斯
科。（《政治问答》9—5）

11. 学生在燕塘听了一次政治讲演 [4]，说本校是产生于
"联俄、联共、扶助农工"三大政策之下，如果这三个政策不
成立，本校即根本消灭……但是学生常常听说本校现在"排
共"，确否？如果排共为甚［什］么又说"本校一、二、三、四、
五各期学生都有共党同学加入。是见本校之联共……"我们第
六期有不有？如果没有，主要原因是甚［什］么？

答：并无排共之说，第六期恐亦不见得无共产分子罢！
（1926 年 12 月 1 日《黄埔日刊》）

12. 中国济难会现在怎么样[5]？学生在湖南加入过，不过□□（会员）证被大水冲去，现在要入会须怎样的手续？在什么地点□□（济难）会可以加入？

答：可函询广州济难会。广州会务似很发展，最近本□（校）已以全校名义加入该会了。（1926 年 12 月 1 日《黄埔日刊》）

13. 一种民族运动而要是革命的，不必要含有无产阶级的元素，或一种革命的或□□（共和）的程序，或一个平民的基础，对吗？

答：民族革命在无产阶级革命运动在未起来之时，是不含无产阶级元素的，有时并且不含民治的元素，但现在的民族革命决不能还是这样。（1926 年 11 月 24 日《黄埔日刊》）（《政治问答》5—14）

14. 在农奴度制（制度）的时候，还存在的社会里可否开始共产革命？

答：要开始共产革命，则第一事须打倒农奴制度。（1926 年 11 月 24 日《黄埔日刊》）（《政治问答》5—16）

15. "护国"、"护法"系在何时？何日？他的功用并结果怎样？

答：民国四年十二月二十五日，唐继尧、蔡锷等反对袁世凯称帝，兴师护国，结果袁死，帝制消灭。民国六年八月十一日，因段祺瑞挟督军团解散国会，本党总理偕海军总长程璧光、第二舰队总司令林葆泽率海军赴粤，成立护法政府，蝉脱递变以迄于今。（《政治问答》5—34）

16. 现在要是召集"国民会议"能不能不为官僚政客、劣绅、资□□（本家）把持？能适合民众的要求么？

答：我们所要的国民会议，是由人民以职业选举的。如果党的宣传工作和在民众中的组织工作做得好，那是不会（被他）们所把持的。

17. 用什么方法将马克思、列宁、孙总理的主义贯彻到士兵（脑）海里呢？讲得太实际了觉得不好，讲得太空泛了又不好，怎样才能做到不即不离？

答：从农民工人的实际受压迫情形，并必须自己团结奋斗，才能够救自己的道理说起，不要太多谈理论。（1926年12月1日《黄埔日刊》）（《政治问答》6—18）

18. 工作方面，有一般老兵，头脑太旧，因为他染旧军队的习惯太深，观察他的心里，不但不信仰主义，并且讪笑主义，以为从前军队都没有听过主义，但亦能打胜仗。像这

（样）不明白世界状况和自己的经济地位，糊涂这样脑筋的人，要用什么□（方）法，方能把他的思想改换过来呢？

答：要教他们知道以前虽打胜仗，然打胜以后，兵士自己□□□（与民众）并不曾得着好处，并不能叫天下太平。政治工作是要□□（兵士）为自己与民众的利益打仗，则打仗更易勇敢，更有把握。□□（于打）胜以后，可以自己得着幸福，不只是让人家升官发财，□□（而自）己与老百姓遭殃。（1926年12月1日《黄埔日刊》）（《政治问答》6—16）

19. 三民主义中，先讲民族，次讲民权，其次讲民生，与建国大纲次序相反是何用意？（1926年11月2日《黄埔日刊》）（《政治问答》1—5）

答：总理讲三民主义是就革命工作之先后言，讲建国大纲是就革命工作之轻重言，故次序不全同。

20. 总理遗嘱中何故没有"五权宪法"四个字？（1926年11月2日《黄埔日刊》）（《政治问答》1—28）

答："五权宪法"包括于三民主义之民权主义中。

21. 三民主义有哪一项的性质？（1926年11月2日《黄埔日刊》）（《政治问答》1—4）

答：是国家社会主义的性质。

22. 代英主任教官：

"……至今仍是主张绝对的服从的……"先生的话，学生开尽了三斤二两的脑汁马力，仍是明白不过来。似乎仍觉得应该由"理智"而判断相对，不应该由"盲从"而固执绝对。

谁也知道，如果能够绝对的服从，"如身之使臂，臂之使指"，无论如何工作都可收比较大的效果。无奈事实上做不到何！

一、邹鲁善于笔记三民主义，却又善于背叛三民主义。个人于时间上难保不发生问题（军官恐怕也是一样罢），因之对他服从的人不得不随时间而变态。

二、尤其就是革命军里面，横竖也难保不有多少违背革命工作的官长。如果真的绝对服从，"堂上一呼，堂下百诺"，前第二团的入伍生也只好死心贴地的随陈 [6]，复变而军阀，再变而反革命了。

所以我们校长说："我们革命，不但上官要监督部下，部下也应监督上官。"（在东莞中学对二十师官长说的）唐军长生智也说得好："如我有大不对的行为，各位尽可来革我的命。"（新蜀报）

是的，不错。服从而至于相对，有时不免有头脑简单的人，偏偏小题大作［做］，故意为难，发生滞手滞脚的讨厌。但是"相对"的真义，并不是故意与官长为难，更不是凡奉到命令一定要开会讨论。只是作一个救济"反动"的预备剂，希望官长们不要跑出"民众利益"以外。其余的事，好比"小德出入可也"，"若得好休便罢手"。故我口虽说相对，心里仍十二分希望上官的命令能够时时有使我们绝对服从的可能。

先生又说："什么是相对的服从呢？就是凡奉到一项命令，他要先去看看对不对，然后服从。"那末，假使他的命令真的不对（假设是反革命），照先生之意，却应该如何？恐怕不应该"赖狗下水拉鳖猫也下水"罢！

相对服从可使：一、长官恐怕部下反对，战战兢兢不敢走错路；二、部下不至于盲动。

学生的意思：则以为除了"党纪"、"军纪"、"风纪"（这也就是相对服从的标准）以外，人世间再没有绝对服从之可能和必要。

然这不过是我个人的意思，对不对？还要请各同志，尤其是先生纠正！

乃 公

乃公同志：

我的意思，假设官长的命令真的不对，亦是要服从的。为什么呢？你说"假设是反革命"，我却要特别指明，命令纵然不对，不能够便认为是反革命。军队中"如身之使臂，臂之使指"的作用，是很重要的。若说这在事实上做不到，这种军队一定会被能够"如身之使臂，臂之使指"的军队打倒，还说什么革命呢？

我说，一定要绝对服从。只有党与民众所反对的命令，我是不服从的，不是说凡不对的命令都可以不服从。

我们有要监督上官，这是说要将上官不对的事告诉更高级的上官，然而并不是便可以不服从这个不对的上官。我纵然以为他不对，我亦是必须绝对服从他的。我们有时要对上官革命，这是说在非常的时候，要根据党与民众的意思，打倒反革命的上官。革命军人一定要能这样做，但这决不是说，我们可以在平时都将绝对服从，修改成为相对服从了。

我以为每个革命的同志，不应当容许"相对服从"名词的成立。官长反革命是非常的事变，虽然我们必须要有非常的手段对待他，但决不可将这些手段当做［作］家常饭菜看。天下没有相对服从的军队。要是相对服从，便自然会破坏军队军纪风纪。你以为如此可以使官长不敢走错路，不知正中了浪漫不甘守军风纪者之下怀，他们一定会在各种小题上求大做的。

而且我要更加深说一层：我以为军队中的同志专靠自己来观察评判长官是革命？反革命？这是十分危险的。一则难保自己没有偏心、误解的地方；二则动辄要用自己积极或消极的力量裁制官长，亦使军队时时有摇动崩坏的危险。我的意思，我们说官长是反革命，不能是由我们自己的意见，一定要根据党与民众的意见。假如官长真是反革命，而党与民众不知道呢？

我们一定先要使党与民众知道，仍旧依他们的意思来决定我们的行为。党与民众没有意见的时候，无论官长的命令对亦好，不对亦好，总是要绝对服从，没有什么叫作相对服从的。

我主张一定要绝对的服从，绝对服从到张作霖、吴佩孚[7]的军队一个样子。但只有在非常的时间有例外。

我再要说，俄国共产党称为铁的纪律的党，他们决不会因怕党魁有反革命的行为，而主张改为相对的纪律的。人家的党要办到军队一样。因为一定要这样，才能"如身之使臂，臂之使指"的作战。我们的军队还要说什么相对服从吗？

同志们：勇敢些承认这"绝对服从"四个字，这是军队所以成为军队的重要原［元］素。不要因为我们希望比较浪漫自由一点，便冀修改为什么"相对服从"。我们只要深切了解主义，能与民众亲密合作，我们不会到官长真是反革命的时候都跟着走的。但这决不是无论什么命令要看对不对，然后服从。我们党所需要的军队中间，亦决不能容许大家这样做的。

代　英

（1926 年 11 月 25 日《黄埔日刊》）

23. 民生主义中之平均地权，不过征收地价税，结果政府能获得大宗收入，只足以限制大地主的发展。但是对于贫无立锥的民众，依然贫者自贫，苦者自苦，政府将设何法以救济之？是否将所收入的地价税，分配与贫苦的民众，使他获得至少生活限度之土地耶？

答：政府是要用钱收买土地分给贫民，或办理农村事业，以救济贫苦农人。(1926年11月27日《黄埔日刊》)(《政治问答》1—14)

24．总理建国大纲中，有建筑大规模之房舍，以利民居之条文。其所需之巨款，公家将设何法以筹措之？又既筑成之后，如何分配呢？或只许现在之无房及有而不卫生者居之乎？抑各乡村皆同时建筑，尽人居之乎？

答：款由公家所收税款中出，当然是为无相当房屋之人住的，各县可量力做起。(1926年11月27日《黄埔日刊》)(《政治问答》1—15)

25．现在荒地满目皆是，其原因不外：有人力而无资权与资本，或有主权而无资本与人力。今使资本、人力具有，唯缺少主权，以致弃利于地，莫可如何？政府对于此项处置当如何？是否将荒地任民开垦后，即同时获得所有权乎？

答：是要以荒地分给贫民的，并或尚须助其费用，以便垦殖。(1926年11月27日《黄埔日刊》)(《政治问答》4—47)

26．现在革命势力速流的发展，一般土豪劣绅乘机入党，复大演其旧日联络运动之卑污手段，以冀得充造为执行委员，借本党为护身符，而希再展其挂羊头卖狗肉之假招牌。本党真实党员对于此项处置当如何？若在当初即严拒其入党，则示人以不宽；若容纳之，则又难保其不旧病之复发，以失本党真实为农工而奋斗之信用于民众，当用何法方为妥善？

答：其劣迹多者，当然可以拒绝其入党。同时我们要宽放农工入党，以加强革命派势力。（1926 年 11 月 27 日《黄埔日刊》）（《政治问答》1—35）

27. 代英主任教官：

我看了你在 11 月 18 日《黄埔日刊》上的一篇文字——《解释（对于）政治工作的误会》，我对里面一点发生了疑问，就是"政治工作若要破坏军纪风纪便是一种自杀的行为"。后面又说："政治工作是我们国民革命军的唯一特色，只有政治工作能保障我们的军队永远站在党的革命的大多数农工民众利益的一方面。"是的！不错！这两点我是很承认的。不过，有时为了军纪，就不能保障农工的利益，并且违背了民意；若要不违背民意，保障农工的利益，又要破坏了军纪。这到底有什么方法来解决他［它］呢？请教官答复我。

这一次入伍生二团二营在东莞枪决了几个土匪，有些同志说："这件事情，站在革命观点上是很对的，但是军纪一方面不有做到。"这件事情，要枪决土匪是民众的要求，并且要就地枪决。而上面要把土匪解到省城，不准就地枪决。民众几十个团体曾经请愿了数次，无论如何要将土匪就地枪决，不准解到省城。到后头，为服从民意，把土匪就地枪决了，这样一来就违背了军纪。要不违背军纪，又要违背民意。这件事情，闹了许多纠纷，到现在仍然没有解决。我对于这事，实在发生疑问，所以不得不写这封信来请教教官，请详细答复我：究竟如何才不致违背军纪，而又不违背民意，使他［它］得到一圆满的结果？

虎门入伍生一团三营十一连见习官王月圃

答：若真是民众有了某种普遍的要求，我们依照民众意思做事，在我们革命党来说自然是对的。这样的事，若是民众有了相当组织的力量，一定能拥护我们达到最后的胜利。若是军风纪是要使我们束缚于与民众真正的而且普遍的要求相反下面，我们自然要用非常的手段处置他［它］。但这决不是说，我自己一方面认为这是民众的要求，或仅是一部分人的要求，我们便可以动辄用这种非常的手段。假使我们是很轻率的这样的干，不但于军风纪方面有很不好的影响，而且民众亦未必知道或能够帮助我们。结果亦许我们做的事纵然不错，然而终于免不了失败的。（1926年12月2日《黄埔日刊》）

28. 国民革命成功后，论历史上、政治上、地理上，则中央政府当设何处为适？

答：无定说。（1926 年 12 月 8 日《黄埔日刊》）

29. 国民革命成功后，对外废除一切不平等条约、收回租界及不认历年来军阀的秘密借款时，有否战事发生？

答：帝国主义本身有许多困难，不一定能开战。（1926 年 12 月 8 日《黄埔日刊》）

30. 党指挥下的政府，我相信现在必定有贪官污吏，然则何时这些人才可绝迹？

答：民众势力起来，能监督打倒贪官污吏之时，他们便绝迹了。（1926 年 12 月 8 日《黄埔日刊》）（《政治问答》1—38）

31. 军队中的同志对于与革命有利益的工作，应当不待民众有此要求，即挺身上前为民众奋斗呢？抑当矣民众有此要求，顺着民众的意思上前为民众奋斗呢？

答：一个革命党员，总是比一般民众较为先觉、较为勇敢的，所以他常常要站在民众的前线。军队中的同志，是要用武装的力量，为民众扫除各种障碍，这更有站在民众的前线而奋斗的必要。但革命党员站在民众的前线，是要能唤起民众、领导民众为自己利益奋斗，他决不是靠自己个人的力量，不需民众的力量，而能够代替民众奋斗。军队中的同志，虽似乎是比较有实力的，亦不能够靠自己一个人的力量，不需民众的力量，而代替民众奋斗。

32. 为什么呢?

再答：因为：1. 若非有民众自己起来，不能够从真正民众生活上的实际需要，表示民众真正的主张，一个人或少数人代替民众所表示的主张，不一定是民众所需要的。2. 若非有民众自己起来，不能够使反动的敌人的势力，从根本上而且从各方面受着打击。反动的敌人的势力都有它的历史上的（几千年因袭下来的，如风俗、礼教等）、经济上的（在生产关系上占重要地位的，如地主、资本家）雄厚根据，他们可以（用）武力、政治、经济各种关系压迫我们，而且可以用风俗、礼教引起未觉悟的民众攻击我们。这决不是一个人的力量所能胜过，即有军队的势力，在这种强大的敌人的面前，亦是会发生内部的动摇的。我们一定要民众起来表示他们自己的要求，而且用民众革命要求的空气，巩固而且激励士兵之作战精神，这才是对于胜利有把握的。

自然不是说一定要等待全体民众起来了，革命党才开始做工。全体民众在压迫与迷惑之下，是不容易完全觉悟的。革命党员有必须促成民众觉悟，而且扫除使民众觉悟之障碍的责任。所以我们在民众未完全觉悟以前，我们要多做宣传、组织工作，使民众觉悟，能够与我们共同奋斗。遇必要时，亦当酌量机会与敌人及自己的力量，冒险的为扫除使民众觉悟之障碍而奋斗。但此等争斗，必不可轻易行之。因民众愈不觉悟，则后援愈少，愈无胜利之希望。虽冒险非革命党人所畏惧，但苟非必要而比较有胜利之把握，而徒以轻率败事，是革命党员所不应当做的。

军队中的同志一定要明了武装的势力，在相当时间，用为民众革命的工具，是有相当之作用的。但不可迷信此武装的势力，有如何万能的力量，将唤起民众、引导民众的工作，反转看轻了。非有民众热烈的革命的空气，不能保障你的军队在革命运动中的战斗精神。而且即令孤军奋斗，无民众协助与敌方军队相当的谅解，亦是不容易获得胜利的。军队中的同志，虽有时必须预备冒险，为民众扫出觉悟之障碍，但须注意这是必须审慎的事情。而且这种冒险的成功，只是可以使民众有更易觉悟的机会，并不可误认为是一手包办了"革命成功"的伟业。不打破这些错误观念，总是不免做出许多错误的。

33. 国民革命之目的何在？

答：在造成独立自由的国家，以拥护国家及民众的利益。

34. 辛亥革命除了排满之外，在经济方面有何改造的目的?

答：是要由手工业的生产，过渡到资本制度的生产。

35. 本党在辛亥革命时，有何重大的弱点?

答：偏于军事运动，而不注意党员的训练和民众的宣传。

36. 何谓直接民权?

答：即人民有选举官吏、罢免官吏、创制法律、复决法律等权。

37. 商人政府何以不能代表民众的利益?

答：因为只能代表一部分商人的利益，而不能代表全体平民的利益。

注　释：

[1] 这里说的"本党"是指中国国民党，下同；这里说的"赤化"是指倾向于共产主义，下同。

[2] 这里说的"总理"是指孙中山先生。1905年8月，中国同盟会在日本东京成立，孙中山被推举为同盟会总理；1919年10月，中华革命党改组为中国国民党，孙中山担任中国国民党总理，直到1925年3月去世；1924年6月，黄埔军

校成立，孙中山出任黄埔军校总理。孙中山病逝后，国民党不再设立总理这一职务，总理也就成了孙中山的专用称呼。故后人都以总理来称呼孙中山，既为尊敬，又为纪念。孙中山临终时同意汪兆铭（即汪精卫）所代笔的文稿也被称为《总理遗训》。

"联俄、联共、扶助农工"是孙中山晚年在中国共产党人和第三国际的帮助下，在国民党第一次代表大会期间确立的三大革命政策。

[3] 谭延闿（1880—1930），字组庵，湖南茶陵人。1902年中举人，1904年中进士，入翰林。曾经任两广督军，三次出任湖南督军、省长兼湘军总司令，授上将军衔，陆军大元帅。曾任南京国民政府主席、行政院院长。有"近代颜书大家"之称，黄埔军校的校名"陆军军官学校"即由他书写。著述有《组庵诗集》等。蒋介石和宋美龄结婚，谭延闿为介绍人。1930年9月22日，病逝于南京。去世后，民国政府为其举行国葬。

[4] 燕塘位于广州市天河区，自清朝以来就是一个练兵之地。随着黄埔军校招生人数增加，黄埔岛上的校舍容纳不下日益增加的师生，黄埔军校第三、四、五期有部分学员被安排在燕塘上课。

[5] "中国济难会"是中国共产党在第一次国内革命战争时期建立的群众性救济组织。1925年9月14日，中国共产党

为了保护在"五卅"运动后，被帝国主义和反动军阀摧残和被难的革命者，由恽代英等人在上海发起成立中国济难会，目的是救济一切为解放运动之被难者。同年 10 月 25 日，在上海召开代表大会，通过各项决议案。出版的机关刊物有《济难》（月刊）、《光明》（半月刊）和《济难画报》。会员费为每人每月缴纳 5 个铜板。之后，各省也纷纷成立了济难会，其中以广东济难会的活动比较有代表性。1929 年 12 月，中国济难会更名为中国革命互济会。1933 年下半年，中国济难会终止了活动。中国济难会在声援革命斗争、解放革命者危难等方面做了大量工作。

[6] 陈炯明（1878—1933），字竞存，广东海丰人，粤系军事将领，中华民国时期军政代表人物之一。1908 年毕业于广东法政学堂。1909 年加入同盟会。1911 年广东军政府成立，被推为副都督，不久后为代都督。1913 年宣布广东独立，声讨袁世凯，失败后逃往香港转赴新加坡。1916 年，回到广东东江发动驻军和民军起义，参加讨袁斗争。1917 年，北京政府大总统黎元洪授予其"定威将军"，后向孙中山表示"竭诚拥护"，参加护法运动，任援闽粤军总司令。1920 年 8 月，率粤军从广西回粤，打败盘踞广东的桂系军阀，被任命为广东省省长兼粤军总司令。1921 年 5 月，被孙中山任命为中华民国政府陆军部总长兼内务部总长，积极主张"联省自治"运动，与孙中山"大一统"的政治纲领不合，反对孙中山的北伐主张。

1922 年 4 月，拒绝前往梧州与孙中山面商北伐问题，并以辞去各职务相要挟，被孙中山免去广东省省长、粤军总司令、内务部总长三职。6 月 16 日，其部属叶举率"陈家军"主力回师广东发动兵变，炮轰总统府和粤秀楼。8 月 15 日，陈炯明回到广州任粤军总司令。1925 年，革命军两次东征彻底打垮其所部后避居香港，协助海外最大的华侨社团组织"洪门致公堂"转型为"中国致公党"，并首任该党总理。1933 年 9 月 22 日在香港病故。

[7] 张作霖（1875—1928），字雨亭，汉族，奉天省海城县（今辽宁省海城市）人，著名爱国将领张学良的父亲。自幼出身贫苦农家，参加过中日甲午战争，后投身绿林，势力壮大，清政府无力征剿，就将其招安。协助清廷剿土匪势力，后又消除蒙患，维护国家统一，逐步提升，先后担任奉天督军、东三省巡阅使等，成为北洋军奉系首领，号称"东北王"。1924 年 11 月，第二次直奉战争胜利后，打进北京，任陆海军大元帅，代表中华民国行使统治权，成为国家最高统治者。1928 年，因前线战事不利，被迫返回东北。1928 年 6 月 4 日，乘火车被日本关东军预埋的炸药炸成重伤，史称"皇姑屯事件"，当日送回沈阳官邸后即逝世。

吴佩孚（1874—1939），字子玉，山东蓬莱人，民国时期直系军阀。1923 年 2 月 7 日，在帝国主义支持下调集大量军警镇压京汉铁路工人于 2 月 4 日开始举行的大罢工，对罢工工人进行血腥屠杀，制造了震惊中外的"二七惨案"。1926 年 6 月 28 日，张作霖、吴佩孚在北京会晤，联合起来组建北京政府。直奉联合攻下北京南口后，吴佩孚向南进攻广东；张作霖向北进攻北方的国民军。双方企图南北齐下共分天下。7 月 1 日，广东国民政府北伐。北伐军势如破竹，10 月 10 日攻下武昌城，吴佩孚逃往河南信阳。1927 年 4 月 19 日，武汉国民政府在武昌举行二次北伐。吴佩孚在国民军和北伐军的夹击下彻底失败，率残部逃往四川。1931 年底到北平。1939 年 12 月 4 日逝世于北平。1939 年 12 月 9 日，国民政府追赠吴佩孚为陆军一级上将。

第三篇　国际事务篇

1. 一九二二年四月十日苏俄代表参加列强之葛奴会议，四月十六日苏俄与德订立腊柏洛条约的内容是怎样？

答：一九二二年之葛奴会议，是英法等国以重建欧洲经济为名而召集的，要苏俄承认俄皇所欠的旧债，并要发还革命时所没收的私人财产。此会议卒至破裂，没有结果。腊柏洛条约，是俄德两国立于国际平等地位所订之通商条约。（《政治问答》7—1）

2. 洛桑会议是否是第三国际的会议?

答: 一九二三年的洛桑会议,是希土□□(战争)以后议和的会议,也可以说是争夺石油会议。在这会议□□(当中)固然有很多问题,但以摩塞尔和海峡问题为最□□(重要)。因为摩塞尔是世界煤油最富的产区,而海峡又是煤□(油)运□(输)的要道,以此英美法三国在这会议中很剧烈地明争暗斗。结果土耳其在其他问题虽获得些微利益,而这两个主要的问题,都是完全失败了。(《政治问答》7—3)

3. 太平洋会议与华盛顿会议是否是一个会议?

答: 是一个会议。(《政治问答》7—5)

4. 海牙会议是一回什么事? 其组织与内容若何?

答: 是帝国主义者意图弭战之组织,由各国派代表,会所设荷兰海牙。(1926年11月25日《黄埔日刊》)(《政治问答》7—6)

5. 日内瓦会议系何国发起的呢? 及其内容如何?

答: 日内瓦会议(去年的)是国际联盟所召集,讨论缩减军备问题,因英法冲突而破裂。(1926年11月25日《黄埔日刊》)(《政治问答》7—7)

6. 英帝国会议中,首相(贺斯温氏)议席上提出之四种问题，是不是错认中国革命，即为军事上之备战？

答：英帝国会议不是专对中国的。它的第一要点是团结英国属地，故其所有提案不能看为是专对中国备战。（《政治问答》7—10）

7. 英帝国会议后，〈决〉大操演海军示威，是表示"它"之弱点？是表示"它"武力足恃呢？

答：乃是对日美示威，对印度、中国加上一种恐吓的印象——正是它衰弱时勉强的挣扎。（《政治问答》7—11）

8. 唐治尔在何国？系何问题？

答：在北非洲，西班牙、意大利、英、法均争此地。（1926年11月25日《黄埔日刊》）（《政治问答》7—14）

9. 英（煤）矿（工）罢工以前弱（矿工）势力战保守党，结果能胜利否？

答：此时还不能断定，要看世界各国无产阶级如何援助它！（《政治问答》7—18）

10. 英之建筑新加坡海军港，不是对日，是对何一国？

答：对日美，兼防印度之革命。（《政治问答》7—19）

11. 英（煤）矿（工）罢工是求物质胜利？是争政权呢？

答：是争物质生活的经济斗争。（《政治问答》7—20）

12. 德国大战革命后行共和制，如何又步前尘？是不是社会党现形？

答：是由于社会民主党及一般小资产阶级从中掣肘，所以德国现在才弄得陷在一个有名无实的共和招牌之泥淖里。（《政治问答》7—21）

13. 法德来因积仇。今法又乘德新败，竟加强占德之领土，结果两国如何？

答：德法积仇是因为德国于一八七一年要挟法国为城下之盟，割阿尔萨斯和罗伦两州——并不是因为"来因"。现今自然依然还是德法世仇——除非德法两国已经成了工人的国家，方可解仇。（《政治问答》7—22）

14. 英与德因巴尔干利权冲突 [1]，大战时英则有二十九协约国帮助，德独在四同盟国奋斗，其原因何在？

答：大战前英德冲突，并不仅在巴尔干，乃是英德资本在全世界的冲突。初战时，英方只有俄法，比国是因受侵袭而起，日本因乘机侵略中国而起，以后意国以至美国则均系以"打死老虎"主义投机以冀分肥的——并不是英能勾引二十九

国，而德只能勾引四国。(《政治问答》7—23)

15. 善后会议之作用及内容？

答：善后会议，即段祺瑞在曹吴倒后所召集各方军阀□(代) 表之会议[2]，所讨论最重要为分款分地盘问题。(《政治问答》2—31)

16. 金佛郎案，究竟是什么一回事？其内容如何？

答：即法国因纸币(纸佛郎) 低落[3]，故责中国付赔款时，不□□(许用) 他的纸币(纸佛郎)，而须用他的现币(金佛郎)，他的现□□□(币比纸) 币价高三倍。(《政治问答》7—23)

17. □(英) 因中国革命力争自由解放，今欲与中国战，□(竟) 效前(一九一四年) 对德外交，笼络列强策略，重演世界大战，是不是古董？

答：英国此时对中国尚未至必须引起世界大战之程度——英国(及一切帝国主义) 虽时时预备第二次大战，但却很怕即在目前发生第二次大战，怕赤色革命乘势而起。(《政治问答》7—38)

18. 英自中国万县案发生后[4]，便更换驻华公使，又更换□(熟) 习海军军官，指挥在华海军，其用意如何？

答：因蓝浦［生］（新任驻华公使）是保守党重要分子，能够比前使更会压迫华人，更忠于保守党代表的资产阶级而已。（《政治问答》7—39）

19. 英之变更对国民政府策，是表面说词？是根本改革？

答：英国对华现在正是无可奈何之时，所谓变更，有什么可变——除直接以武力压迫，然此为国际现状不许，所以变更只等于空言。（《政治问答》7—40）

20. 领事裁判权是启于何代 [5]？

答：欧洲中古便有的，现惟行之于中国，各国已不用此制。（1926 年 11 月 25 日《黄埔日刊》）（《政治问答》7—42）

21. 上海为什么要设会审公廨 [6]？

答：因外人不许中国官吏可以独自审判之故。（1926 年 11 月 25 日《黄埔日刊》）（《政治问答》7—43）

22. 中国海关税和邮务的管理职员为什么用外国人？

答：因外人用各种方法要挟的结果。（1926 年 11 月 25 日《黄埔日刊》）（《政治问答》7—44）

23. 法国拿破仑第一，在法国第一次革命中，窃位称帝，被第二次革命推倒；后拿破仑第二，拿破仑第三，又再蹈覆辙，源［原］因何在？

答：拿破仑两次失败，均系被外国联军打倒，并非倒于法国人民之革命。法国第一次（一七八九年）革命系对路易十六，第二次（一八三〇年）系对查理士第十，第三次（一八四八年）系对路［易］腓立。法国并无拿破仑第二。拿破仑第三系拿破仑之侄，他所以得帝制自为，乃因当时法国资产阶级的革命党还没有严密的组织，不能监督他——与拿破仑时代一样。而且资产阶级并不一定不要君主，他们只要君主不压迫他们，而代他们压迫下层阶级，则君主民主在他们是无所择的。后来一八七一年所以决定不要君主，是因看见君主不能合他们的用，民主的总统易于更换些的原故。（《政治问答》10—9）

24. 革命为人类图解放，法国革命成功后，竟向弱小民族严酷侵略，如对安南[7]。法国革命是表示何种革命？是不是假革命之名？

答：法国三次革命都是资产阶级的革命，他们只解放自己，并不愿解放"全人类"。（《政治问答》10—10）

25. 英帝国会议对于军事上设备，其内容取守势？取攻势？

答：预备大战的力量，当然要能守能攻，两者兼全。

26. 英或用武力干涉中国南方广东琼州，我们当如何应付？

答：尚不至于有此事。琼州一带尤为法国势力范围，英法冲突，即足供我们以为应付之具。

27. 英之存心积虑终要诱列强□（用）武力干涉中国，是表示"他"之聪明？抑是表示"他"之古董？其事能实现否？

答：这是它手足无措的表现，是又聪明又是糊涂。

28. 英香港戒严，用意如何？

答：无非恐吓广州民众——破坏罢工！

29. 德国大战后的革命可能加得上"革命"二字？

答：是"革命"。但因革命党人及党之组织幼稚，现在失败了！（《政治问答》5—32）

30. 德国加入国际联盟，得了甚［什］么地位？

答：得了常任理事。（1926 年 12 月 1 日《黄埔日刊》）

31. 岭南码头与岭南大学校址，与美有何关系？他［它］为什么竟□（敢）两地泊艇建校？

答：便是岭南大学泊船的码头，均美人藉不平等条约允

□□（许其）兴学传教而修筑的。（1926 年 11 月 26 日《黄埔日刊》）（《政治问答》10—38）

32. 今年的日耳曼会议的内容是怎样？

答：这会议我不知是今年何时开的？请告我。

33. 德国老社会党自与俾士麦妥协后，不闻于历史，今之社会党与前同一统系否？

答：德国老社会民主党并未与俾斯麦妥协过——那时有老里布克奈西和伯伯尔两大领袖，和俾斯麦相抗。不过在他的镇压令之下，秘密行动而已。现在的德国社会民主党才完全卖身与资产阶级，帮同阻止革命。他们前后是一个系统的组织，但是子孙不肖。（《政治问答》8—6）

34. 克兰斯基，察里调利勒那得尔薛得曼拆尔诺夫克林司马再亨德孙等之民主党，其各个内容怎样？

答：这是说各国的社会民主党都是自命为代表工人利益，而实际是与资产阶级妥协的。（1926 年 11 月 24 日《黄埔日刊》）（《政治问答》8—10）

35. 德国现在加入欧洲国际联盟是自动的？抑被动的？

答：是英引彼，制法。（1926 年 11 月 2 日《黄埔日刊》）（《政

治问答》7—25）

36. 第二国际和第三国际怎么样解释呢？

答：第三国际是不满意于第二国际者所组织的革命团体。
（1926 年 11 月 2 日《黄埔日刊》）

37. 国际第一、国际第二其兴覆于何时？其性质与国际第
三有何异同？其何人为领袖？

答：第一国际由 1864—1871，第二国际由 1890 至今，皆
与第三国际宗旨同，为求无产阶级解放，得着政权；惟第二国
际中途变节，至今成为资本阶级的工具。（1926 年 12 月 8 日《黄
埔日刊》）

38. 编辑先生：

本校《日刊》第一百七二号问答栏内，有某同学问："达
意尔主义是什么主义？意义如何？"英先生答以："未闻有此主
义。"我想这主义莫非就是 Dyerism 的译文。

Dyer（英人）是前数年甘地倡不合作运动时的一个印度
地方长官。当该地民众开国民大会时（为的是反英），他就
暗派飞机用炸弹往该地大轰，结果惨死男女老幼四五百人。
Dyerism（达意尔主义）于以得名。去岁，五卅惨杀，人遂言
英人对中国觉悟的民众采取达意尔主义云。

新入伍生团机关枪连　杨周熙

达意尔主义之英字及意义，承杨君函告，特公布其原函。

（英）

（1926 年 11 月 2 日《黄埔日刊》）

39. 外国人为什么一定要与中国通商？

答：因为要在中国销售货物并购买原料，他的资本主义才能顺畅地发展。

40. 何谓公使团？

答：公使团是列强驻华公使联合压迫中国的一种组织，是北京政府的太上政府。

41. 割让香港以后，中国受了什么影响？

答：中国南方从此多匪，反革命者愈有力量。因为英国利用香港，专意捣乱。

注　释：

[1] 巴尔干，即巴尔干半岛。半岛地处欧、亚、非三大陆之间，是欧、亚联系的陆桥。南临地中海重要航线，东有博

斯普鲁斯海峡和达达尼尔海峡扼黑海的咽喉，地理位置极为重要。

[2] 段祺瑞（1865—1936），字芝泉，曾用名启瑞，生于安徽合肥，所以又称"段合肥"。中华民国时期著名政治家，号称"北洋之虎"，皖系军阀首领。1916 年至 1920 年为北洋政府的实际掌权者；1924 年至 1926 年为中华民国临时执政。1936 年 11 月 2 日，病逝于上海。

曹吴，即曹锟、吴佩孚。

曹锟（1862—1938），字仲珊，出生于天津大沽口（今天津市塘沽）。中华民国初年直系军阀的首领，驻军保定，被称为"保定王"。1923 年 10 月 5 日，重金收买议员，贿选为第五任中华民国大总统。1938 年 5 月 17 日，病逝于天津。1939 年 12 月，被国民政府追封为陆军一级上将。

[3] 第一次世界大战后，由于法国金融混乱，通货膨胀，法郎贬值，1921 年，"中法实业银行"倒闭。法帝国主义为了更多地掠夺中国人民财富，炮制了所谓金佛郎案。1922 年，法国政府与北洋军阀政府秘密协议，法国以退还一部分庚子赔款恢复"中法实业银行"为诱饵，要中国以金佛郎（即法郎，当时法国货币贬值，金法郎实际并不存在）偿还对法庚子赔款。如果照金佛郎偿付庚款，中国将损失关银六千二百余万两。消息传出，举国反对。法国政府联合比利时、意大利、西班牙等国，要求对它们的庚子赔款都以金佛郎计算，并串通

英、美等国扣留关税余款，以迫使中国政府就范。1925年4月，段祺瑞执政府被迫与法国签订《中法协定》，接受了法国的无理要求。

[4] 万县案，又称万县"九五惨案"，发生于四川省万县（今重庆市万州区）。1926年下半年，北伐的广东国民革命军在长江流域、江浙战场取得辉煌战果，各帝国主义特别是英帝国主义在中国的势力受到沉重打击。英国政府为巩固其在长江流域的势力，加紧了干涉中国革命的步伐，他们不仅调遣大批军舰来华示威，在东南沿海制造血案；而且利用其商轮在中国内河胡作非为，寻衅肇事，以浪沉中国木船，淹死中国人民为儿戏。1926年6月至8月短短的3个月时间，英帝国在长江流域万县段，即制造血案4次，先后撞沉中国民船4艘，沉溺40余人。1926年8月29日，英国太古集团公司"万流"号商轮在四川云阳江面故意疾驶，浪沉杨森部载运军饷的木船3艘，杨部官兵和船民50余人淹死，饷银8.5万元和枪支50余支沉入江底。杨森当时刚就任吴佩孚委任的四川省省长职，对此事感到奇耻大辱，即找中共派到杨部工作的朱德、陈毅商量。二人认为必须采取强硬态度，反对帝国主义的暴行，这也是官兵和四川人民的强烈愿望。杨森采纳了朱德、陈毅的意见，一面电请重庆交涉员季叔平向英国领事提出抗议，要求惩凶、赔偿损失；一面命令部队加强戒备，随时听命。当晚，英轮"万县""万通"号抵达万县，杨

森当即派兵将两轮扣留，同时致电重庆海关监督，要求向英国驻重庆领事提出抗议，赔偿损失。9月2日，万县中共组织发文揭露英国的罪行。然而英方拒不承认，并蓄意扩大事态，拒绝惩办凶手、赔偿损失。同时，英方对国民政府不断进行武力施压，并向万县派出军舰。北京政府在重重压力下命令杨森和平处理此事。9月4日，英方限定杨森立即于24小时之内释放扣留的英国商船。9月5日，英方三艘军舰驶向万县江岸，强行抢夺被扣船只，并开枪打死守船的中国军官。杨森蓄势待发的军队立即行动，开枪予以回应。英军竟然炮轰万县县城长达近三个小时，共发射炮弹及燃烧弹300余发。这次炮击中，中国军民死伤千余人，房屋损毁上千间，制造了骇人听闻的"万县惨案"。

[5] 领事裁判权，是帝国主义国家通过不平等条约，在殖民地或附属国攫取的一种特权，即它的侨民在当地的民事、刑事诉讼，所在国法庭无权审理，而由它派驻当地的领事依照本国法律审判。在中国近代，西方列强根据强迫中国政府签订的不平等条约获得了这项特权。

[6] 会审公廨，是上海历史上在特殊时期、特殊区域成立的一个特殊司法机关，又称"会审公堂"。清同治七年（1868年），根据上海道台和英美等领事商订的《洋泾浜设官会审章程》，在上海英美租界设立的。由道台任命中方专职会审官，与外方陪审官（领事）会同审理租界内与华人有关的诉讼案

件。根据中外双方的约定，如果案件涉及洋人或洋人雇佣的华籍仆人，由外国领事参加会审或观审；纯粹华人案件，由中国谳员独自审断。

[7] 安南，为越南的古名。

第四篇　政治经济篇

1. 资本两个字，如何解释？

答：凡用以生利之财物，均是资本。（1926 年 11 月 25 日《黄埔日刊》）（《政治问答》9—36）

2. 什么为可变资本〈家〉？什么为不变资本？

答：资本家对于生产工具所用的资本部分，在生产进程中没有改变他［它］的价值的分量，这叫做不变资本。反之，用于劳动力的资本部分，在生产进程中能变出多的价值，这叫做可变资本。（《政治问答》4—3）

3. "价值"与"价格"怎样分别？

答：价格是货物市面之价，价值是货物本身之价，即未受市面供给需要之影响时之价也。（1926 年 11 月 25 日《黄埔日刊》）（《政治问答》4—5）

4."社会劳动"是否这件东西不管是女工、童工所造□（来）后，平均计算的劳动分量？

答：你所说的过于简略。所谓社会劳动，当然不是各［个］别的劳动，是在一定时代的社会劳□□（动状）态之下，将各种特殊的社会关系化为普通平均的关系，将各种劳动的特殊性质化为普通平均的性质，将各种效率不同的工具的效率化为一般的平均效率，将各个□□（勤勉）能力熟练程度不同的劳动者的程度化为一般的平均程度，而来计算各个商品里面所包含的劳动。（《政治问答》4—50）

5. 三国银行团，四国银行团，五国银行团，六国银行团，是哪些帝国主义组织的？各个在我国做些什么坏事？

答：民国元年英、法、德、美组织四国银行团，承揽中国一切借款。二年因美后大借款，四国团又邀日本俄两国加入，是为六国银行团。后因美国退出，成五国银行团。欧战以后，俄德革命，五国团解体，乃由英、法、日、美组织"新四国银行团"。没有三国银行团——可看中华书局出版小册子《门户开放之今昔观》（定价八分）。

6. 金佛郎案其内容如何？本党又如何主张不解决？

答：因解决此案是要中国照金佛郎价付赔款于法国，比照纸佛郎价吃亏三倍。（1926 年 12 月 8 日《黄埔日刊》）（《政治

问答》7—33）

7. 有说，有土地、有人民、有主权的方为国家；有说，资本制度统治下的人民，受资本阶级的政治上压迫、经济上剥削的为国家，其说谁是？

答：国家，每是资本阶级压迫人的工具，但同时必须有土地、人民、主权，始为国家。（1926 年 12 月 8 日《黄埔日刊》）（《政治问答》4—34）

8. 土耳其革命已成功，究竟其政党名称及主义、政纲如何？

答：名土耳其国民党，以求土耳其独立为最大目的，无出名的主义、政纲。（1926 年 12 月 8 日《黄埔日刊》）（《政治问答》8—15）

9. 英国为世界工商业最发达，且在帝国主义中又最凶猛的国家，如何世界革命不发轫于他？而成功于俄？其理安在？

答：因英国资产阶级强大，有经验，故比俄国的难推翻。（1926 年 12 月 8 日《黄埔日刊》）（《政治问答》5—20）

10. 什么是商品？

答：凡为供给市场上的需要，而生产的生产品，谓之商品。

11. 何谓财政资本？

答：财政资本即工业资本与银行资本之融合。

12. 军阀滥发纸票和轻质货币，与民众有什么影响？

答：物价腾贵，生活程度提高，使人民难于生活。

13. 何为买办阶级？

答：直接与外国资本的大商人、银行家、工厂主勾结营利的人们，叫做买办阶级。

14. 商品生产之目的何在？

答：在获得利润，即在于掠夺剩余价值。

第五篇　社会伦理篇

1. 今天我在校本部大花应［厅］做纪念周的时候[1]，看见总理遗像□□（前放）有数盘青果及置檀香炉一座，未知什么用意，故发生怀□（疑），请代为解释，是盼。

答：这只是表示崇敬、事死如事生之意。

2. 妓女是不是无产阶级？他［她］是哪一类的无产阶级？又女优人是哪一类的无产阶级 [2]？

答：娼妓她是一种堕落的职业，她靠资产阶级之恩惠以为生，所以虽生活近于无产阶级，利害不一定是相同的。优伶是一种自由职业者 [3]，属小资产阶级，如教员等一样。（1926 年 11 月 26 日《黄埔日刊》）（《政治问答》4—53）

3. 洪门三合会是否三会合成的？其三会之名称与首领请告知！

答：三合会只是一会之名，并非三会合成。（1926 年 11 月 25 日《黄埔日刊》）（《政治问答》8—23）

4. 义和团首领何处人？是何名？

答：从山东起来的，无著名首领。（《政治问答》8—24）

5. 第二次全国代表大会工人运动决议案中 [4]，有禁止十四（岁）以下之儿童作［做］工，抑禁止儿童不许作［做］工耶？或禁止雇工者不许雇十四岁以下之童工耶？据前之说，以现在社会经济之不平，幼年童工非自愿将发育未完全之身体，而任劳苦的工作，实因谋生无路，才出此下策，以图生存。若禁止之，是不啻将此一线之生活而断绝之矣，可乎？据后之说，则资本家拥有巨资，何患无工人？固不必拘泥于童工也，即禁止之，何损之有？亦奚 [5] 禁止之为？

答：当然是禁止资本家雇用。资本家不雇用童工，则国家须注意抚育儿童，或其父兄须要求加工，资养子女。（1926 年 11 月 27 日《黄埔日刊》）（《政治问答》4—52）

6. 三 K 党其名称作何解释？及其主义如何？

答：三 K 党本名 Ku Kiux Klan ，系美国人排斥黑种、黄种人之秘密团体。（1926 年 12 月 8 日《黄埔日刊》）（《政治问答》8—12）

7. 假如世界上没有帝国主义，但是人多地少的国家（为日本）因如民族一天天发展，自己原料缺乏，生产上就会发生恐慌，那么，必然要到国外找原料。但是找原料，必以其军事上、政治上、经济上优越势力为后盾。那岂不是帝国主义吗？但我们看看，这样现象是他生存竞争必然的现象。那么，帝国主义就是生存竞争的现象么？我们想想，世界没有帝国主义的时候，人类自然会节制生育，以避免竞争。试问小的民族愿不愿节制生育呢？而且总理曾说过，汉[满]族统治汉族，反被汉族化了，可知大民族必有镕化小民族的趋势；而小民族必起恐慌，故必不愿节制生育了。如此，世界民族人口，须要平均，才可以平衡。这可以说是很难的事呀！

答：人多地少之国，尽可到人少地多之处居住生活，但只许平等和平的生活。缺乏原料的地方，尽可到别处收集原料，但只是有无相通，均不许以武力相欺凌。现在之帝国主义，并非由于人多。香港、上海外人均不过占数百分之一，但以武力占据剥削殖民地之膏血。收买原料时，亦不顾殖民地人民生活，所以是可恶的事。(1926年12月8日《黄埔日刊》)(《政治问答》4—31)

8. 我国人口四万万多，水上的蛋民 [6]，有没有在内呢？

答：四万万是大约的数目，一切中国人都包括在内。(1926年12月8日《黄埔日刊》)(《政治问答》10　30)

9. 水上的蛋民，革命性强弱如何呢？党有没有宣传他纳 [们] 呢？

答：看他们生活贫富而定，大略似手工人，当然可以宣传使之革命的。(1926年12月8日《黄埔日刊》)(《政治问答》6—22)

10. 我们办的平民夜校离工厂很近，论说应有很多人来，但是现在没有很多人来，不知有什么方法救济？

答：工人现在每日工作十一二时。他们下工后不易有读书的兴味，这是无足怪的。这种情形之下，若再加以教材干[枯]燥不合他们的实用，他们自然更会不商[高]兴来上课。比较可以救济的方法是需按着工人所需要的材料教授他(们)，而且需使他们在短期中可以有相当的成效。例如，识字、珠算、英文等均可按其需要而教授之，若他们能因学习得着若干功效才可以提起他们求学的兴趣与自信心。在平民夜校中，我们自然需宣传我们的主张，但必须先设法引他们来，然后才说得上宣传，若只顾宣传好像觉得上课，无益而不肯来了，那便反失了以后宣传的机会了。(1926年12月8日《黄埔日刊》)(《政治问答》6—20)

11. 学校每有许多不必要的功课，这种功课还是应当完全弃置不顾呢？还是应当酌上一二课呢？

答：这个问题，我以为需参酌事实以决定办法。大约最稳妥的办法是：一方将此等功课不必要、应当取消之理由在校刊或讲演会等中间宣传，引起大家讨论，以至引起大众要求废止这些功课；一方在尚未废止之前，仍须敷衍上课，而且使有可以及格之成绩。只要不希望在这种功课上，希望得一百分，那便可减少许多虚耗气力。若学校未废止这些功课，我们却已弃置不顾，在反动教职员要排斥我们的地方，他们会借口我们某科不及格，而动令我们留级或退学。(1926年12月8日《黄埔日刊》)(《政治问答》10—39)

12. 胡适之先生说："少谈些主义，多研究些问题。"我以为问题固然要研究，因为要找着社会毛病之所在，不过既把社会的毛病找着以后，就要用一种良好的方法去医治，那就非对于主义有深刻的研究不可。总括一句：就是应当一方面多研究些问题，一方面也要多谈些主义，对吗？

答：你的话我完全赞成。本来主义便是解决各种问题之方法的总称。所以只谈主义，不注意到实际问题，这好比谈药方，而不知病症；只研究问题，而不谈主义，这好比研究病症，而忌谈药方，这通通是笑话。（1926 年 12 月 13 日《黄埔日刊》）

13. 凡做事不加思索的就干下去（言论和行动），常常引起人们厌烦。要怎样才可改此弊呢？

答：最好是多研究各方面的事实与理论，或每事跟着这种有研究的人走。知识越进步，便越知道自己所晓得的很少，便越谨慎，不敢轻举妄动。跟着这种人走，亦比自己的轻举妄动稳妥得多。不过一面能跟着这种人走，一面仍能注意自己的研究。那便免更有盲从之弊了。（1926 年 12 月 13 日《黄埔日刊》）

注　释：

[1] 这里说的"大花厅"是指黄埔军校（本部）教学楼内的中间通道。教学楼内的中间通道十分宽敞，官长政治教

育、特别演讲、纪念周活动等均在这里进行。1925 年 3 月，孙中山逝世后，在此设灵堂，供师生们致祭。

[2] 女优人，指女演员。

[3] 优伶，现在多称伶人，指具有身段、本事突出的演艺人员。古汉语里"优"是男演员，"伶"是女演员。

[4] 这里说的"第二次全国代表大会"是指中国国民党第二次全国代表大会。这次大会于 1926 年 1 月 1 日至 20 日在广州举行，大会决定进一步贯彻执行"联俄、联共、扶助农工"的三大政策，并组织力量反击国民党右派的进攻。大会通过了《中国国民党第二次全国代表大会宣言》，重申反帝反封建的革命纲领。大会还通过了政治、军事、党务和工人运动、农民运动、商人运动、青年运动、妇女运动等决议案。大会选出中央执行委员 36 人，其中中共党员 7 人，恽代英是其中一员。毛泽东当选为国民党宣传部代理部长。

[5] 亦奚：又有什么。

[6] 蛋民，是"疍民"的俗称，也叫"水上人"，曾是珠三角一带河网水道上以船为家的人群。由于居住地点不固定，随河而徙四处漂泊且擅唱民歌，因此被称为"水上吉卜赛人"。他们绝大部分是文盲，生活贫苦，受到官府的歧视和恶霸的压迫。

袁策平与《问答代英先生》笔记

张晓东

袁策平，江西遂川人，25 岁时考入黄埔军校（本部）第六期，分配到骑兵队骑兵第一连。他进入黄埔军校最晚不应超过 1926 年 10 月 8 日，因为黄埔军校第六期招收学生是从 1926 年 8 月 1 日至 10 月 8 日，所以他应该与恽代英至少有过 2—3 个月的直接师生关系。

袁策平抄录《问答代英先生》的这些内容，应该是他入校之初进行的。他在"卷首"写道："国际问题这一门课，我觉得很重要。因为我觉得一个革命者，一定要明白革命环境。现在讲国际问题的教官，我在听讲时，颇感言语不能全通的困难，更苦的是不能作［做］笔记。当时尚以为是我个人独感的困难，但质之同学，亦有同感。我想得到的补救方法，是把讲义提前；如能有其他的补救方法那就更好。"从严格意义上讲，他那时还不是正式的"黄埔生"，只是黄埔预备生——"入伍生"。

黄埔军校鉴于前两期招收学生和教育学生的情况，从第三期开始实施"入伍生"教育体制，并于 1926 年 3 月曾设入伍生部，首任部长为方鼎英。入伍生部专司入伍生军事教育及训练事宜，统辖入伍生各团、营及附属部队。实施入伍生教育制度，就是把黄埔军校学生的修业期限分为两个阶段：预备期和正式期。第一阶段为入伍训练（预备期），即把前两期的一个月预备教育延长到三个月，基本学识和训练都在这一阶段完成，目的是为了使新生在入军校前，养成恪守军纪的习惯，熟悉军人礼节，熟练制式训练。入伍生在这个阶段接受"学科"和"术科"两方面的培训，学科教育有步兵操典、射击教范、野外勤务、陆军礼节、内务规则等内容，术科教育有制式教练和野外教练等内容。第一阶段期满后，入伍生进行升学考试，考试合格的学生编为正式学生，考入第二阶段，接受军校六个月的正规教育。这个机构的设置，标志着黄埔军校在教育体制上的重大变革。

黄埔军校要求学生上课必须做笔记，笔记本封面要记载队号、姓名等，以便教官随时检查。学校规定，入伍生阶段，学生的编制是营、连、排、班，考入正式学生后，则是以区、队为编制机构。袁策平用于抄录《问答代英先生》的"中央军事政治学校笔记簿"封面上的单位填写的是"八连"，由此可见，袁策平在抄录《问答代英先生》时还是入伍生。

袁策平抄录的《问答代英先生》笔记一共有 86 页（包括

封面和封底），笔记内容是用毛笔书写的，笔记可以分为两大部分：主页笔记和页眉笔记。主页笔记中，除去一大段罗介夫的演讲和一小段糜连长的讲话 [11]，其余均为问答题，共计 139 组（学生的提问和老师的答复为一组）。经过考证，其中约有 80 组问答中的解答者是恽代英，其他的解答者是萧楚女和张秋人。页眉笔记中，主要是"政治测验题解答"和"小组会议讨论结论"，以及 1927 年 1 月以后的少量问答题，页面破损严重，抄录内容缺失较多。

袁策平抄录《问答代英先生》的这些内容，是从 1927 年 2 月份之前的《黄埔日刊》上摘录的。《黄埔日刊》第四版上开辟了一个名为"问答"的专栏，一般情况下，提问集中在前面，回答集中在后面；有时也有一问一答的模式。提问，有时署提问学生的姓名和班级；有时只署提问学生的姓名，不署提问学生的班级；有时提问学生的姓名和班级都不署。例如 1926 年 11 月 26 日的《黄埔日刊》中，第一个问题就只有提问学生姓名：马心白问；而后几个问题的提问学生不光有姓名还有班次：政治二队学生陶虞卿问。回答问题的政治教官都署名，只是不署全名，恽代英回答问题的署名常常是：（代英）或（英）。1927 年 1 月，黄埔军校政治部（中央政治军事学校政治部）出版了《政治问答集（一）》（由于"四一二"反革命政变，之后再未出版续集，以下简称《问答集》——笔者注）。《问答集》将"1926 年《黄埔日刊》里所揭载的'政治问答'与'政治测验'

都搜罗在里面"(《问答集》上的《弁言》——笔者注)，除去重复的及"鼠牙雀角"的小问题。也就是说，1927年2月之后，黄埔学生无需再从《黄埔日刊》上抄录了，直接领一本或买一本《问答集》即可。若是直接抄录《问答集》也不可能，一是因为时间不容许，从1926年10月黄埔六期招生结束，到1927年2月《问答集》面世，期间有4个月。二是因为在《问答集》的答复上，没有政治教官的署名。《问答集》上的《弁言》说："问题的答案，都是本校政治教官恽代英、肖楚女、廖划平、张秋人等担任，因编辑及印刷上的便利起见，把问答的姓名都删去了。"由于"把问答的姓名都删去了"，所以无从辨别哪些答案是恽代英的，哪些答案是其他教官的。三是因为袁策平抄录《问答代英先生》的内容都是按学生的提问分组抄录的，而《问答集》是按照提问性质分类编辑的。

袁策平将笔记题名《问答代英先生》，其原因应在于：首先，恽代英在刊物上发表文章时，署名常常用"代英"。这个署名不仅在《中国青年》《少年先锋》《红旗》上使用，而且在黄埔军校的校刊《黄埔日刊》上也使用（在《黄埔日刊》上发现的恽代英发表的15篇文章中，有9篇署名是用"代英"——笔者注）。"代英先生"既是黄埔学生对恽代英的尊称，也是黄埔学生对恽代英的爱称。其次，恽代英在来黄埔军校之前，就是著名的理论家和宣传家，在中国知识青年中享有很高的威望；来黄埔军校之后，担任政治主任教官，在政治教官中，其地位和权威是最高的，他在政治理论方面的影响力是首屈一指的，学生对他的崇拜度很高。最后，恽代英主讲"中国国民党与劳动运动""社会发展史""国际政治""政治学概论""社会科学概论"等课程，在回答学生提问中，数量最多、涉及面最广。为此，袁策平在做笔记时，首先想到的是摘录恽代英的解答，故命名《问答代英先生》。

袁策平的《问答代英先生》笔记中为何会出现萧楚女和张秋人的解答？究其原因应是，1926年中期（约在7—8月间——笔者注），张秋人来到黄埔军校担任政治教官；同年10月底，萧楚女也来到黄埔军校担任政治教官。他俩不仅理论水平高，而且也经常回答学生提问，人们将恽代英与他俩称为"黄埔三杰"。1926年11月24日，恽代英奉命前去黄埔军校武汉分校任政治总教官，卸任黄埔军校（本部）政治主任教官一职，之后的学生提问主要由萧楚女和张秋人解答。为此，在袁策平的《问答代英先生》笔记中出现了萧楚女和张秋人的解答就不足为奇了。

袁策平抄录《问答代英先生》的这些内容，不仅为其在黄埔军校学习时起到了积极作用，更为后人留下了恽代英在黄埔军校（本部）期间的思想火花，留下了恽代英在政治理论方面的精彩瞬间，留下了恽代英在为人之师岗位上的闪光之处。虽然2012年广东人民出版社再版了《问答集》，然而《问答集》并不能取代《问答代英先生》。因为《问答集》没有标注"答案"的解答人，这样在《问答集》汇编的 400 组问答中（含小组讨论和测试题），就无法确定哪些"答案"是恽代英回答的。再则，由于《问答集》删除了"鼠牙雀角"的问题和答案，导致《问答集》不能完整涵盖《黄埔日刊》上的"问答"内容。

由此可见，袁策平的《问答代英先生》笔记对于世人进一步了解和研究恽代英思想是多么珍贵。

2020 年 6 月 25 日

注　　释：

[1] 罗介夫（1880—1938），名良干，湖南省浏阳县人。幼读私塾，后就读长沙岳麓书院。1899 年，县试录为秀才，不久被官费派赴日本留学，入京都大学攻读经济学。在日留学期间，结识革命志士并加入了同盟会。于 1905 年归国，暗中从事反清革命活动。武昌起义后，他被选为湖南省参议会议员。

1912 年 8 月，同盟会改组为国民党，设总部于北京，他任湖南支部总务副主任及该党主办的《国民日报》总经理。"二次革命"失败，袁世凯派汤芗铭督湘，解散参议会，查封《国民日报》社，他被通缉，避居上海。1914 年又去日本早稻田大学政治经济系学习，1917 年回国。1920 年任湖南省参议员。

北伐战争开始后，他任国民革命军第三军政治部主任、湖南大学法科学长。1927 年，任国民党湖南省党部宣传部长兼《国民日报》社长。1931 年 2 月，任南京国民政府监察委员。1938 年 8 月 13 日，他由三汊矶乘轿车进城至省政府开会，途经干杉岭时，被何键收买的三名枪手刺杀身亡。他生前著有《中国财政问题》一书。

糜连长，黄埔军校中入伍生的教官。

附录：

新发现的恽代英
在《黄埔日刊》上发表的文章

1.纪念周中恽主任教官的政治报告

恽主任教官

编者按：中华民国十五年十一月十一日（星期四）的《黄埔日刊》"革命之路"专栏上，刊登了《纪念周中恽主任教官的政治报告》一文。"纪念周"全称为"总理纪念周"，指黄埔军校每周一举行的纪念中山先生的仪式。该文应该是恽代英在本周一（十一月八日）的"总理纪念周"上的演讲。署名"恽主任教官"为编者所加。

今天报告最近关于世界的情形，从英国说起。英国最近召集了帝国会议。帝国会议之召集，是因为英帝国的殖民地很多，他们经济日益发展，发生了独立自决的要求，而且他

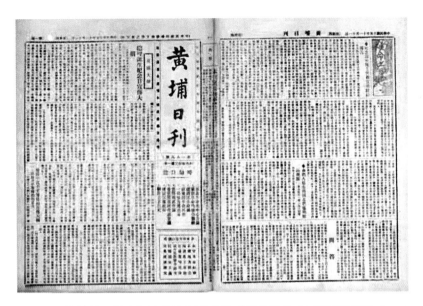

刊登恽代英《纪念周中恽主任教官的政治报告》的《黄埔日刊》（1926年11月11日）

们总觉得英帝国地隔很远，而兵力有限，不能保护他们，所以要自练海陆军队。英帝国看着这样下去，有趋于分裂的危险，所以要想用帝国会议羁縻［縻］殖民地[1]。这一次帝国会议，英国一面大操海军，请殖民地代表参观；一面报告航空军力，表示他有能力很可以保护殖民地。但是他这种伎俩终不能释殖民地的疑虑，在会议中仍发生许多不满意的情形。例如，罗加洛条约是英帝国主义想帮助德国压抑法国的，所以他［它］的成立，张伯伦很费了一番气力，但是殖民地却不赞成这个条约。因为他们不愿德国的势力发展，德国从前在澳洲、非洲殖民地都比法国多，帮助德国发展，反比法国令殖民地害怕。再如，因为他们不相信英国能保护他们，所以加拿大、南非洲都有要求独立的倾向。自然我们是用不着太乐观，以为英国即刻便要分裂，但是我们总敢说他〔它〕是向分裂一条路上走去的。

英国煤矿工人罢工问题，闹了整整半年了，到现在没有解决。英国政府总是压迫工人，屡次宣布紧急条例，限制工人活动，并且命令警察禁止英国工党的领袖顾克在公共集会中发言，他很给了英国工人许多打击。在这种压迫之下，英国工人已经有许多支持不住，上工的了。现在虽尚有数十万人，仍在继续奋斗，恐终不能免于失败。但无论失败与否，这次罢工至少可以使英国工人有一部分人认识英国政府不是他们的政府，只是资产阶级压迫他们的一种工具。工人想要解放，非打倒这样的政府不可。这次罢工，英国工党是得了若干发展党的利益，但是工党势力到现在还不及保守党的势力。他的最大结果，还只是在能促进工人革命化这一点。

其次说到法国。自欧战以后，英国总是千方百计来压迫法国，现在他〔它〕一方助德，一方联意，使法国在外交上完全陷于孤立地位。但是现在法国亦活动起来了，他〔它〕极力谋与德国接近，同时设法拉拢意大利，要把叙利亚让给意大利，以为意不干涉者〔诸〕非事务之报酬；他〔它〕与英国正在钩心斗角的争斗。

再次说到日本。日本最近劳动者农民逐渐觉悟起来，现在劳动农民党内部因为右派说左派与共产党有关系，所以他们与左派毅然分裂。但日本有此种要求，左派势力实为可注意之事。左派自与右派分裂之后，势力为全国宣传之运动，并谋与更左之一派劳动评议会发生一种关系，他们是日本无产阶级革命的预兆。

俄国政治上重要的分子，如托洛斯基、齐诺维夫等，与共产党干部主张，发生许多争论，国际帝国主义便喜不自胜，以为俄国要发生内讧了。但是党的决议，令齐诺维夫、托洛斯基等离开政治中心，他们已经完全接受党的议决案，并禁止一切他们同主张的人继续有任何违反党的宣传。俄国共产党铁的纪律，与这般领袖□深知世界大势，必不以个人意见发生任何轨外之行动，以帝国主义所利用，这是我们所可断言的。

中国方面。北京内阁表面上还完全在吴佩孚势力之下，张作霖自然系北方之强者，时时都有夺取北京政权之可能。但是张作霖现在是不愿意来握北京政权，日本帝国主义也不愿他来夺北京政权。为什么呢？因为现在张作霖在北方已经得着很大的发展，他们现在很希望孙传芳、吴佩孚与我们的战争继续下去。等到我们两方面两败俱伤，他还可以来收渔人之利。他们不愿意以夺北京政权或向江苏、河南发展，使孙吴有倒戈去同他们打仗的危险，所以他拿定了主意，不来抢北京政权。虽然张宗昌已经占了保定大名 [2]，但吴佩孚质问他的时候，他亦说是他本人并不知其事。

江西、河南的战事，两方面都有些虚张声势的宣传。但就各方消息观之，虽吴佩孚天天在那里下反攻的命令，实际仍在信阳一带，与我们的军队相持不下。孙传芳方面，夏超虽是失败了 [3]，然而他亦没有什么能力与我们再继续下去。樊钟秀多少是可以为吴佩孚之害的 [4]，但似乎没有消灭吴佩孚的力量。或者将来西北革命军由陕甘发展到了河南，那时吴佩孚便会根本消灭了。江西方面，现在已经把九江、武穴、德安占领了，南昌当然亦没有什么问题，这样武汉的根基便可以更稳固了。

我们知道，军阀迟早总是要失败的，不过现在要想一下打到北京，打到东三省，根本铲除一切军阀，在最近还是不可能的事，而且我们实在也没有那（么）大的能力。我们现在一定要有一个相当的休息时间。在这个休息时期，军事上要补充训练，而尤其重要的要发展民众的组织。现在湖北劳工运动很发展，湖南方面也要召集全省农民协会。广东现在省政府正在进行改组，预备切实执行联席会议各种决议案，使广东省政府能完全立于有组织的人民的基础上面。联席会议所以主张政府暂不移到武汉，便是因为广东已有有组织的一百六十万左右的农民，广州一处有〈须〉二十万有组织的工人，所以广东民众运动的前途是很有希望的。国民政府最近要注意先为广东的革命的民权打一个稳固的根基，其次现在军队中政治训练亦很要紧。联席会议议决案要在各省设军事政治学校，最近要在武昌分设本校的政治科，都因感觉此项人才十分缺乏，仅恃本校培植还不敷用的缘故，所以同志们应注意自己的地位与责任。中国很需要有能力的军事政治人才，我们要努力预备才好，我们要为党为国家尊重学校的风纪，努力军事政治科学，使我们每个人能够成为革命运动中有效的一分子，这是党与中国对于我们大家的希望！

《黄埔日刊》，中华民国十五年十一月十一日（星期四），第四版

注　释：

[1] 羁縻（jī mí）：笼络、怀柔；束缚、控制。

[2] 张宗昌（1881—1932），字效坤，山东省掖县（今山东莱州）人。奉系军阀头目之一。1899年赴东北谋生。辛亥武昌起义后，亲率百余人投山东民军都督胡瑛，随至上海，任光复军骑兵独立团团长。1921年至奉天张作霖处。1923年任东北第三混成旅旅长。1925年初任苏皖鲁剿匪司令，4月任山东军务督办，7月兼任山东省省长。1926年初任直鲁联军总司令。1928年8月兵败下野，亡命日本。1932年由日本回国，潜居天津租界。同年9月3日被山东省政府参议郑继成枪杀于津浦铁路济南车站。

[3] 夏超（1882—1926），字定侯，浙江青田人。1903

年考入浙江武备学堂。1905 年冬毕业后留校任学生队队长。1906 年受秋瑾的影响，加入光复会，后又加入中国同盟会，被推举为同盟会浙江支部会长。辛亥革命后，任浙江省省会警察厅厅长。1916 年任浙江全省警务处处长。1924 年冬孙传芳入浙后，深受器重。不久，被总统曹锟任命为浙江省省长。1926 年秋国民革命军北伐，促使其脱离北洋政府。1926 年 11 月 15 日发动起义，就任国民革命军第十八军军长，兼理浙江民政，宣布浙江独立，誓师北伐。不幸所部被孙传芳击溃，11 月 20 日被俘，次日被孙传芳电令杀害。北伐战争胜利后，南京国民政府颁布褒恤令，追赠其为陆军上将。

[4] 樊钟秀（1888—1930），字醒民，河南省宝丰县人。自幼入私塾读书，14 岁上少林寺习武三年。后在宜川家乡组织武装，抗击官匪。1923 年被孙中山任为豫军讨贼军总司令、建国豫军总司令。1925 年孙中山在北京逝世，在中央公园社稷坛公祭时，特送巨型素花横额，当中大书"国父"两字，这是孙中山在公开场合被尊称为"国父"的开始。1930 年国民政府通令全国，尊称孙中山先生为中华民国国父，"国父"这一称呼遂流传至今。1926 年率部参加北伐战争，在南阳、邓县一带追击吴佩孚。1928 年冬因对蒋介石不满，被迫通电下野旅居上海。1930 年率旧部参加阎锡山、冯玉祥的联合讨蒋战争，拒绝蒋的重金收买，坚持反蒋。同年 5 月 23 日，在视察阵地回许昌司令部时，遭蒋军飞机轰炸，重伤致死。

2. 为什么要纪念总理的诞日

代 英

我们要用各种机会唤起全中国民众的革命精神，所以我们亦要用各种机会使全中国民众记得我们总理一生努力所提倡的革命运动。

我们要纪念总理的诞日，并不是因为要民众崇拜总理个人的丰功伟烈，更不是因为要民众仰望总理好像是天生的中国人的救主。我们是要大家记得这 位革命领袖，便是六十二年今

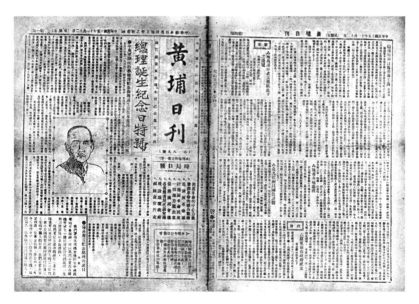

刊登恽代英《为什么要纪念总理的诞日》的《黄埔日刊》（1926 年11 月12 日）

天在广东中山县农家所产生的。他因为是一个勇敢而富于同情心的人，所以二十岁以来，便为了不忍见中国民众的受压迫，起来领导中国民众而且自己站在第一线上奋斗，一直到他死的时候。

总理是伟大的，但我们并不说他是超人，他只是一般被压迫的中国人中间的先觉者。总理是一个伟大的领袖，但他决不是离开了群众的领袖，他是代表了群众的利益，而且是领导着群众而奋斗的领袖。

我们要人人纪念总理，要人人能认识总理真正的伟大地方，尤其要人人能够下一个决心，像总理一样的勇敢与富于同情心，顺从着总理所指导的路途而奋斗上去。

我以为这是我们要纪念总理诞日的理由。

《黄埔刊日》，中华民国十五年十一月十二日（星期五），第一版

3. 解释对于政治工作的误会

恽代英

一、政治教育并非教授普通法政知识。

二、政治队学生并非可以忽略军事学术科与军风纪。

三、政治工作并非与军纪风纪对立的事情。

军队中有政治工作，这本是一件新奇的事情。所以无论是长官，是学生，对于政治工作有时都会有若干误会的地方，这是无足怪异的。但是我们中央军事政治学校的长官与学生，应

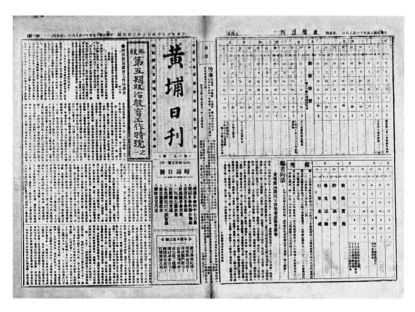

刊登恽代英《解释对于政治工作的误会》的《黄埔日刊》（1926年11月18日）

当首先扫除这些误会。我们学校是现在中国国民革命运动中军事政治工作的中心，我们要使政治工作更能适合国民革命的要求，要使政治工作与军事工作更能有很适当圆满的关系，所以应当担负首先扫除这些误会的责任。我现在只解释比较普遍的三种误会。

第一，有好些人以为本校所谓政治教育，便是教授学生若干普通的法政知识，所以凡曾经在法政学校学习过政治学、经济学的，便以为一定可以有把握能够在本校做政治教官。若是曾经学过政治经济的留学生，更加自以为没有不能胜任在本校做政治教官的道理。本校的政治教育，诚然有很少一部分亦可采用普通法政学校所获得的知识用为参考的。但是本校的政治教育，究竟是与普通法政学校迥然不同的。本校是中国国民党培养革命的军事政治工作人才的教育机关，政治教育的时间甚少，而学生对于政治教育的需要甚多。我们与普通法政学校不同的：第一，我们要删除一切不必要的学科，以及各种学科中间一切不必要的教材；第二，我们要用很经济、很扼要的方法，将一切必要的有关于革命的政治学识，在很短的期间传授给学生；第三，我们不只是要将"死的知识"给学生，我们一定要学生能有近代的眼光来应用这些知识到革命的工作上去。除此以外尤其重要的对于各种学科，一定要能有新的符合于革命的需要与本党党义的见解。普通法政学校所学习的有好些是专门为帝国主义或统治阶级利益说话的反革命的学识，不应当进本校的大门。本校政治教育一定要完全站在党的立脚点上面，例如说，打倒帝国主义、弱小民族自决、民权不应为资产阶级私有、剥夺反革命者一切民权、资本应受节制、土地应归农有、农工组织与农工运动应当以全力保障推进、党应当高于一切，这些主张都没有丝毫怀疑的余地。普通法政学生乃至学法政的留学生，不一岂〔定〕能理解这些根本的主张，有时他们自己的主张还恰恰与这些主张相反。若是他们来参与本校政治教育，根本要淆乱了本党的主义，给学生一些错误的印象，这是主持政治教育的同志不能不对于党负重大责任的。本校时常感觉政治教官缺乏，然而同时除了得着对于党中或学术界有地位名望的人，或他们有著作可以窥见其学识思想的，不敢轻易滥为推荐任用。我们敢负责任的申明，这绝不是个人有所爱憎的私心。我们既不会于以前知其生平，又不能窥见他的著作以考核他的思想见地，若专凭普通中国人爱讲情面不负责任的八行书或是几句话贸然引用了他，不但恐妨将来有溺职的地方，尤恐其对于学生思想上给与〔予〕不良的影响。我们的政治教育与普通的政治教育是完全不同的，只要看政治教育大纲与各种编印的讲义，便可以为一个很显明的证明，这是要请大家注意的。

第二，有好些人以为政治队的学生是注重在政治学科，他们的军事学术科不过是一个配角，是无足轻重的。他们的军纪风纪，亦是比较没有方法整顿的。因为大家有了这样误解，所以学生身体孱弱，不高兴军事学术科，比较散漫，不高兴守军纪风纪的人，便认政治队为乐土。学校方面，亦容易发生一种心声，不肯将最好的军事教官放到政治队里来。对于政治队的军纪不好，认为是意中事，亦不肯加以严重的注意。这个误解是很不好的。我们要在本校办政治队，要将政治队办成军事学校的一部分，而不愿意将他附设在那〔哪〕一个大学或法政学校里面，最大的原因，便是因为我们所造就的人才，将来都是在部队中做政治工作的。所以他一定要有相当的军事学识与训练，习惯于军事生活，而且能够了解军队生活的各方面。本校的政治队，绝对不是可以忽略军事学术科与军风纪的。不但不应当忽略，而且必须应当特别注意。我可以大胆的说，我们的党需要的政治工作人才是能吃苦，能了解而习惯军队生活的人。身体孱弱的，便不配做一个革命党员，他不配进步兵、炮工兵、经理队，亦不配进政治队。不肯守军队纪律的，便不配做一个军队中服务的人员，这种人应当早些剔除出去，不要让他躲在政治队里面。没有军事学识训练的，将来在军队中每每做不好政治工作，他不容易能与军事官长互相谅解，发生很好的关系，这完全失了特别要办中央军事政治学校政治队的用意。而且还有一层政治队学生将来有些人要当党代表的。党代表条例，在同级官长战死之时要党代表代为领率士兵应战。今天若让政治队学生不注重军事学术科，将来遇着这种时候，他们有什么把握？几多士兵的性命，战事之胜败关系，还是有时会操在政治队学生手中的。不顾［愿］预备自己来负这种责任的学生，不好随便容忍他留政治队里。学校方面，为了革命的利益，不应当存一点忽视政治队的军事教育的心理，不应当有一点姑息的心来处理政治队的事情，学生要尊重选择，军事学术科要加紧，军风纪要严格整顿起来。选择军事教官与选择别（的）学生队的军事教官一样认真，不能够这样办，便要我们自己负起造成贻误革命工作的责任。

第三，有好些人始终怀疑政治工作是与军纪（风）纪对立的，他们平常便有些疑忌政治工作，若是遇着部队中发生什么纠纷，或不良的现象，便以为一定是政治工作所产生的不良结果。我们应当承认，这种误会，至少有一部分是由政治工作人员自己负责的。有些幼稚的政治工作人员，在他们的言语行动上，有意无意的实在似乎是教学生不尊重军纪风纪。他们的不负责任的轻率，有时亦惹出一些纠纷问题。在最近军队的政治工作管理未久的时候，这种弊病亦不是能够完全避免的。然而这绝不是政治工作本来便这个性质，而且本校政治部与负政治教育的人久已注意尽力设法免除这种弊病了。军纪风纪是要使我们有一个严整能作战的军队，政治工作是要使我们的军队知道为什么要作战，而且为什么一定要成为有很好军纪风纪的军队，这从什么地方会有什么冲突呢？政治工作若要破坏军纪风纪，便是一种自杀的行为。政治工作最大的目的是要军队能自动的严整起来而且能作战，倘若第一步便破坏了军纪风纪，破坏了军队作战的力量，这不是自杀是什么？我们现在已经在各学生队设政治部指导员，随时注意各部队官长、学生对于政治工作的影响，与各部队中随时发生的问题。我们一方面要随时纠正政治工作人员的错误，不过同时亦希望各部队长官切不可仍旧存在一种怀疑政治工作的心理。政治工作是我们国民革命军的唯一特色，只有政治工作能保障我们的军队永远站在党的、革命的大多数农工民众利益的一方面。我们不能因噎而废食，不能因火车、汽车初出世的时候轧伤了几个人，便不要火车、汽车。我们不能诚意的［地］接受政治工作，而且帮助政治部使政治工作更合于各部队的需要，这是自己不肯站在党与革命民众的利益上面，不是本校官长应有的态度。而且我还要说一层，从前军队的军纪风纪，都是强制被动的，政治教育是要逐渐使他自觉自动的［地］遵守军纪风纪。从强制到自觉，从被动到自动，中间是有一个难关的。在那种半明白不明白的时候，强制被动的军纪风纪管理不了他，同时他又不能自觉自动的［地］遵守军纪风纪，所以最容易发生出不好的现象。因此，政治工作人员是必须要十分慎重的［地］做上去，不能有一点疏忽轻率的心理。但同时各部队官长亦应当体谅这种工作的困难，不要看见有什么不好的现象发生，不肯告诉政治部，与政治部共同设法纠正他，却只是在背后埋怨或是自己不负一点责任。我们大家须知军队中需要政治工作，是我们的党的主张。政治工作要能不妨害而且有益于军纪风纪，是我们作［做］军事工作与政治工作的同志共同的要求。所以我们要很诚意的希望政治工作得着圆满的功效，与我们要很诚意的希望军纪风纪能够严整起来一样，这才是一个好的革命党员应有的态度。

当然其他比较小的误会还是有的。不过我们用不着在今天一件件列举出来，我只希望先能扫除这三种比较无［普］遍的误会，因为这是与本校军事政治教育两方面都有很大的关系的。

《黄埔日刊》，中华民国十五年十一月十八日（星期四），第一版

4. 致政治教官公函

政治主任教官恽代英

一、第五期学生于本月十五日开学，十八日开课。学生总共二千六百五十人，分为六个学生队（共分十七队五十三区队）。其部队编制与驻在地分述如下：

二、军事各课原则上以每一区队（五十人）为一教授班，政治各课原则上以每一队（步兵二百人，政治一百五十人，炮兵、工兵、经理一百人）为一教授班。

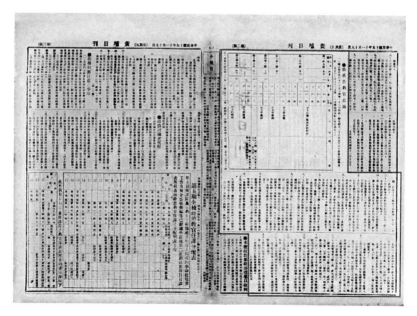

刊登恽代英《致政治教官公函》的《黄埔日刊》（1926 年 11 月 19 日）

学生队第次	性质	人数	第几队	人数	分属区队	驻在地	备考
第一学生队	步兵	800	1	200	四	以上燕塘（广州沙河附近）	
			2	200	四		
			3	200	四		
			4	200	四		
第二学生队	步兵	800	5	200	四	以上校本部	
			6	200	四		
			7	200	四		
			8	200	四		
第三学生队	炮兵	200	9	100	二	以上会家祠	
			10	100	二		
第四学生队	工兵	200	11	100	二	以上会家祠	
			12	100	二		
第五学生队	政治	450	13	150	三	以上蝶蝶冈	即政治部第一队，现为第十星期。(修业过二分之一)
第六学生队	经理	200	14	150	三	以上蝶蝶冈	即政治部第二队，现为第十星期。(修业过四分之一)
			15	150	三		
			16	100	二		
			17	100	二		

三、各学生队每星期政治学科钟点数目，详□期各星期教授课目同数分配表。

四、第五期学生政治教育大纲包含各学生队各项政治科目教授次数及每次教授事项，另详。此案所规定之教授次数，及每次教授学项，如各教官认为有必须修正之处，得商问主任教官酌量修正之。

五、各教官须将各项政治科目应行教授之材料，按规定该科目教授次数妥为分配。各科目必须按规定的教授次数范围以内教授完毕，不得超过规定的教授次数。

六、除已有排印讲义之各项科目以外，各教官应于教授各课之时，即将教授材料编成讲义。能于上课前一星期交主任教官处，以便油印分发听讲各学生最佳。如教授已经排印讲义，各项科目自之教官，不愿沿用排印之讲义者，亦需照上述办理。

七、每次教授七十分钟，各教官不得完全作为讲解之用，应当二三十分钟预备答复学生问题。或提出问题指定学生答复，或令学生自由讨论，而在最后为作一结论。

八、主任教官负责于最短期间分送各班学生名册于担任教课各教官，以便有时可以指名考核听课成绩。

九、各教官非万不得已，不可不按照课表所规定时间出席各队上课。需顾念每次缺席，即耽误一二百人一小时许之时间，且使部队官长难于管理。除政治科学生外，各队政治功课时间甚少，为革命之利益，亦不可不尽量利用此时间，使学生受政治教育，以广其见识，而确定其观念。此事务希各教官十分注意。

十、各教官如确有重要原因，必须请假者，最好能预先于前一周星期四以前申明，使排课时有所准备。至迟，须于前二日用书面向主任教官申明。

十一、各教官如有在广州居住的，到燕塘或黄埔上课，请按照下列规定前往，以便能按时上课。

凡到燕塘者，总于规定时间前四十分钟到中央党部旁大车门，乘往沙河之汽车（每人二毛，坐满六人即开），开行五分钟即到沙河。由沙河步行，约十五分钟即到。

凡须上午八点到黄埔上课者，于六点前到办事处乘所备专船，约一小时半到。

凡须上午九点二十分或十点三十分到黄埔上课者，于七点半左右到天字码头乘海军局船，约八点开，一小时到（乘七点开之校船更妥）。

以上乘船，均须佩带学校徽章，不收费。

十二、学校汽车船只甚少，且每次开行费用甚巨。以后除有必要情形者外，概请教官自乘长途汽车或商船（由校开省之商船上午九时、十时、十二时，下午三时，均有开行。佩带学校徽章者，每次船费一角半或二角。另小艇接客费，黄埔上船二角，到广州下船八十文）。不备专船迎送，望各教官谅之。

十三、各教官到各部队上课，务先到其学生队部或队部拜访其学生队长、队附［副］，或队长（或值日官），以便随时可以接洽一切。如不知上课地点，亦可请其派人偕同前往。

十四、凡于十一点五十分始下课的，可与该处部队长官说明，便在该处午餐。此事政治部已另有致各部队长官之通报说明。

十五、上课、下课均已［以］号音为准。除有特别原因，得各区队长官同意外，吹号后五分钟内即须上课或下课。以免虚耗学生时间，或防害他人上课。

十六、上课时，学生风纪教官须负责维持。如发现学生弊端，自己无力挽治者，应即报告主任教官，以便设法处理。

十七、上课、出入校门，均须佩带徽章。着军服者须，注意服装整齐，并须佩带臂章。遇高级长官，敬礼如仪。

十八、专任教官需在校外兼课，须得主任教官同意。除兼课来往钟点外，务须常川住校[1]，以便有必要时可于临时加增讲课。

《黄埔日刊》，中华民国十五年十一月十九日（星期五），第二版

注　释:

[1] 常川：经常；连续不断。

5. 告第一补充师见习诸同志

——读该师部刊物《每周评论》以后

代　英

补充师见习诸同学拿了该师部新出刊物《每周评论》来给我，我从这本刊物中间很高兴的 [地] 看见他们的认真努力，想改进军队内容与士兵生活的精神。我希望每个同学都要有这样的精神，而且希望每个同学要都能永远有这样的精神。

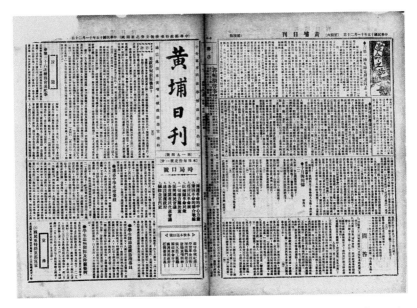

刊登恽代英《告第一补充师见习诸同志》的《黄埔日刊》（1926 年11 月 20 日）

不过，我要指出两点，请他们注意的：

第一，在许多报告中，除了周传第同志的报告以外 [1]，差不多都只是指出所服务之部队的不好的地方，没有谈到那 [哪] 个部队中还有什么比较好的地方的。固然师长要我们做报告最重要的是在考察各部队的缺点，以便设法改进他 [它]。但各部队总不会于教练或事务方面一无可取之地。倘若尚有可取之地，我们自己应当认为是见习的心得，而且应当贡献给师长，以备选择，令各部队效仿施行。这亦不是没有好处的。我们切不可只将我们的眼光只注射到人家的黑暗一方面，完全抹煞一切比较光明的方面。这是一般刻薄青年最不好的毛病。而且我退一步说，即如你要指出人家不好的地方，希望人家能够改良，亦一定要你能将他们的优点同时写了出来，人家才能觉得你是公允无恶意，这样才能使他们接受你的批评。若将他们的优点一概抹煞，站在不负责任的地方，专门找人家的错处，这徒然惹人家的反感，不会能收着什么好结果的。

第二，这些报告中间，恐怕以第二团侦探队的报告最成问题。他们的队长、队附 [副] 为如何人？我们用不着讨论。我想亦许在有些部队、有些时候是免不了需要这样的报告的。不过，如在权永和同志的报告，未免太侧重攻讦个人，而且加了许多不必要的字眼，这是很不好的。我们的考察应当多注意事，而少注意人。例如，在该队中，我们指出队长夜间常时外出，不点名查铺，该队以前未有训话口号，常有妇女走入队部谈笑，这些话亦就很够了。我们只要使师长注意这些事，而且或者师长能够使队长注意这些事，至少可以使军队中得着许多实益。而且凡是这一类的报告，只应当使师长知道，让师长用自己的意思去处置。我们还应当要求师长，不好将我们的报告公布出来。这因为：一则免与私人结下仇怨，一则免自己大出风头，惹起一般旧官长的反感。现在，这个报告文字上既有许多应斟酌之处，而又随便在刊物中发表出来，实在不免孟浪一点 [2]。我们在外面去做事，一切都要谦恭谨慎，越是勇敢革命的人，越要注意这一点。我们不好很随便的说人家的坏话，更不好很随便的将这些话公布出来。不要因为师长要我们报告，我们便忘记了要小心。不小心的做下去，将来会要惹出许多麻烦问题的。

《黄埔日刊》，中华民国十五年十一月二十日（星期六），第四版

注　释：

[1] 周传第，字云章，1889 年出生于长沙县临湘都，黄埔军校四期毕业。

[2] 孟浪：言语轻率不当；鲁莽、莽撞。

6. 在中华民国十五年十一月二十二日
总理纪念周上的政治报告

恽主任教官

编者按：中华民国十五年十一月二十二日（1926 年 11 月 22 日），星期一，黄埔军校在大操场举行"总理纪念周"，各部处官佐、职员及全体学生，约计 3000 余人参加。纪念周由教育长方鼎英为大会主席，由政治主任教官恽代英作政治报告。恽代英报告了上周国内外政治状况。标题及署名为编者所加。

英国近日多数工厂皆因矿工坚持罢工，煤料缺之，而致停工倒闭。故政府方面极想解决罢工问题，以挽救英国经济上之危机。然矿工方面始终拒绝加工减资的条件，而此问题经前月四日矿工会议之结果，更日趋险恶。

至于英国在欧洲最近之外交政策，仍在努力扶持德国，使法国限于孤立的地位。法国近亦有所觉悟，故不惜弃其世仇，转而联德以抗英。然英又利用此次意国首相被刺之事件，从中挑拨意人的恶感，以仇法。总之，英法意诸帝国主义者，此种外交政策，犹如顽童玩弄火药，必至爆发而后已。

再近来各国帝国主义国家竭力扩充军备，亦大可注意。以吾人眼光观之，第二次世界大战之到来，似不在远矣。

至国内情形，因我军最近攻下九江，孙贼随之倒败，各国对华态度亦为之一变。近来英美论调，多谓对华问题，已非强硬政策所能解决。此即表示国际帝国主义者，对于最近中国革命势力之发展，已无法压迫。如目前国民政府为自动更换省港罢工政策，加抽出入货税。北京使团曾有正式公文到粤，提出抗议。国民政府外交部长陈友仁，直置之不理，将其抗议书退还，并答以加税为吾人之自由，国民政府向不知使团为何物？而帝国主义者亦无可如何。但谓南政府向来难于说话，仍须向北京卖国政府提出抗议云云。此乃使团无聊，有意在中国闹笑话耳。

再现在北京，已完全入于奉张势力范围。奉张此次入关，乃抱着总统梦而来，故伪内阁之倒台，亦在眼前。然奉张因被往日失败所教训，已稍变聪明，而减其操切的脾气。且又因东省金融关系，为日本所挟持。故彼此次进关，虽志在做曹锟第二，然尚观望形势，不敢放步急行。且直督一席，近为小张所得，鲁张已大不满意，故此狗肉将军与张胡之冲突，已成为事实。而奉系迟早必会分裂，万难幸免。

至于孙传芳，因此次九江之溃败，其势力已根本动摇，加之部下同床异梦，更难收拾。其最后结果，亦唯有与吴佩孚把臂"遁走荷兰"耳。现实各方民众势力，皆向孙猛攻，祈其早日灭亡。

北伐军近亦有出师奠定苏皖浙三省消息。唯孙消灭后，奉张即为近代中国军阀之仅存硕果，为国民革命最后之敌人。

《黄埔日刊》，中华民国十五年十一月二十三日（星期二），第一版

7. 通　信

张铨同志：

你应怎样努力呢？我以为：

1. 多读革命的书报，根本造成革命的人生观，扫除一切错误的遗传精神。

2. 和蔼亲切的与同学接近，领导他们左倾，不使有一个迷惑的人。

3. 努力预备为被压迫民众工作，宣传组织他们，使他们

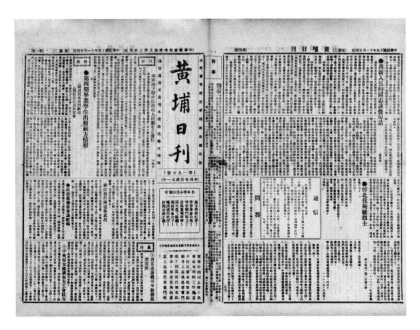

刊登恽代英《通信》的《黄埔日刊》（1926 年 11 月 24 日）

为了自己起来革命。

士智同志：

黑暗的事一定是很多的。我们一方面应当切实知其真相，不要带感情夸大其辞，预备有机会时可以设法整顿；一方（面）仍应在万难中找一部分我们可做的工作，使别的官长乃至士兵都能左倾，以减少军队中坏的影响。

代　英

11 月 19 日

《黄埔日刊》，中华民国十五年十一月二十四日（星期三），第四版

后　记

　　我很早就知道恽代英是中国共产党的优秀党员，党的早期著名理论家和宣传家，20世纪二三十年代中国青年的领袖，但却不知他还是中国共产党早期的军事领导者、我军政治工作的开创者之一。

　　2014年元月，我到忠良博物馆任职，初次看到90年前的第六期黄埔生袁策平的《问答代英先生》笔记本时，才知道恽代英曾在黄埔军校任教，而且是分量很重的政治主任教官。从此就对恽代英在黄埔军校的经历产生了极大兴趣，并以这本"手抄本"为原点，开始了漫长而艰难的恽代英在黄埔军校的探寻。在探寻过程中，我发现学者对恽代英在黄埔军校（本部）这段经历的研究不多、不深，以至于在一些报刊中出现的有关恽代英在这个历史时期的史实存在不少谬误，至于恽代英在这个历史时期的思想研究就更少了。这可能是1927年4月15日黄埔军校（本部）"清党"之后，当年有关中国共产党师生在黄埔军校的资料遭到大肆损毁的缘故。

　　为了深入了解恽代英在黄埔军校（本部）的历史，我以袁策平的《问答代英先生》笔记本为基础，走上了有关恽代英与黄埔同学问答录的编研之路。先后求教过诸多党史专家和学者，他们是中共中央党史研究室原副主任石仲泉、中共中央党史研究室第一研究部原主任霍海丹、中共中央党史研究室第一研究部原副主任李蓉、《恽代英全集》主编李良明、中共广东省委党史研究办公室原主任曾庆榴、广东革命历史博物馆馆长杨琪、中国军事科学研究院研究员陈力、黄埔军校旧址管理处主任樊雄等，我还拜访了恽代英的亲属、中国共产党早期领导人遗著的收集整理与研究课题组顾问恽铭庆和中粮集团总裁助理、《问答代英先生》笔记本收藏者王金昌等。在他们的指导、帮助和鼓励下，几年来，我阅读了众多有关恽代英的书籍，查阅了大量有关黄埔军校的文献，渐渐地触摸到了恽代英在黄埔军校（本部）期间的足迹，渐渐地理清了《问答代英先生》笔记的脉络，开启了《恽代英黄埔军校问答录》的编著工作。借此机会，我向他们致以诚挚的谢意！

　　《恽代英黄埔军校问答录》虽然只有百余问、2万余字，但是由于年代久远、资料缺乏，为此在整理、考证、释文、分类、注释等过程中，其难度和工作量却是巨大的，尤其是对袁策平的《问答代英先生》笔记的编研工作。几年来，随着相关资料的不断挖掘，编研程度的不断加深，前后六易其稿，其难度可想而知。其间，得到许多热心人士的倾情帮助，特别是人民出版社历史与文化编辑部副主任吴继平，中国国家画院书法篆刻家蔡大礼，忠良博物馆的吴花、柴秋香、芦玥、李楠，中粮集团办公厅的周杰和车健等同事。借此机会，我向他们致以诚挚的谢意！

《恽代英黄埔军校问答录》编著工作对于我这样一个党史"票友"而言，无论是客观上还是主观上，都存在许多"障碍"，要克服这些障碍，除了自身要废寝忘食、发奋努力外，还要牺牲许多应尽的家庭责任、转嫁一些精神压力。几年来，妻子韩洁不仅承担了大量的家务劳动，而且每每在我编研工作最困难、情绪最消沉的时候给予包容和鼓励，使我能够不忘初心，一直坚持下来。借此机会，我向她致以诚挚的谢意！

《恽代英黄埔军校问答录》编著工作历程虽然漫长、过程虽然艰难，然而收获还是喜人的。通过编研袁策平的《问答代英先生》笔记，我对恽代英在黄埔军校（本部）的经历有了较系统的了解，尤其是恽代英与黄埔同学之间的师生关系，完成了《红色教官——恽代英》一文。同时，我还在《黄埔日刊》上，最早发现了恽代英的未抄录在袁策平的《问答代英先生》笔记中的恽代英与黄埔同学的部分问答和7篇未收录在《恽代英全集》中的文章（含演讲稿和书信）。这些新发现的文献和《问答代英先生》笔记中的恽代英与黄埔同学的问答，无疑是世人进一步了解和研究恽代英的珍贵资料。

《恽代英黄埔军校问答录》虽然只是一本薄薄的小册子，

但它是恽代英光辉思想不可或缺的一部分。我以我的汗水，引来众多专家学者的"波涛"，从而浇灌出了这朵被历史尘埃覆盖了 90 余年的"木棉花"，就是想把这朵英雄的花献给为了人类自由和解放而英勇就义 90 周年的恽代英先烈、献给党的100 岁生日。

《恽代英黄埔军校问答录》问世之际，我要特别感谢石仲泉主任以耄耋之躯、拨百忙之事，为本书作序。因为这既是党史权威对一个业余党史研究者的褒奖，也是对《恽代英黄埔军校问答录》编研结果的肯定。

由于本人水平和参阅资料有限，书中难免存在谬误，敬请专家和读者批评指正。

张晓东

2020 年 7 月 23 日

《后记》续语

《恽代英黄埔军校问答录》的编著工作，在王金昌先生的支持下，在专家学者的指导下，在忠良博物馆同事的辅助下，终于在 2020 年 7 月"收官"。

哲人说：好事多磨。虽然《恽代英黄埔军校问答录》审核过程较长，但给予我和出版社编辑更充裕的时间"精打细磨"。在书稿审核期间，随着广东革命历史博物馆编辑的《〈黄埔日刊〉资料汇编》出版，使得我对书稿的编著更"精准"——查漏补缺、去"伪"存真，确保了书稿的品质。

俗话说：好饭不怕晚。虽然《恽代英黄埔军校问答录》错过了向建党百年献礼和缅怀恽代英英勇就义 90 周年的时机，但迎来了黄埔军校建校百年和恽代英诞辰 130 周年的隆重时刻。虽然《恽代英黄埔军校问答录》只是一本小册子，但它所承载的内容，对于了解和研究黄埔军校的历史，对于了解和研究恽代英的思想，都将是有益的补充。

在《恽代英黄埔军校问答录》即将问世之际，我再次诚挚感谢所有关心、支持和帮助我完成该书编著工作的领导、专家和同仁！我再次诚挚感谢所有关心、支持和帮助该书出版发行的领导、专家和同仁！

张晓东

2024 年 2 月 20 日

责任编辑：吴继平

封面设计：汪　莹

图书在版编目（CIP）数据

恽代英黄埔军校问答录／张晓东 编著 . — 北京：人民出版社，2024.3

ISBN 978 - 7 - 01 - 026328 - 1

I.①恽… II.①张… III.①黄埔军校－概况 IV.① E296.3

中国国家版本馆 CIP 数据核字（2024）第 037196 号

恽代英黄埔军校问答录

YUNDAIYING HUANGPUJUNXIAO WENDALU

张晓东　编著

人民出版社 出版发行

（100706　北京市东城区隆福寺街 99 号）

中煤（北京）印务有限公司印刷　新华书店经销

2024 年 3 月第 1 版　2024 年 3 月北京第 1 次印刷

开本：710 毫米 ×1000 毫米 1/16　印张：9.75　插页：3

字数：120 千字　印数：0,001-5,000 册

ISBN 978 - 7 - 01 - 026328 - 1　定价：46.00 元

邮购地址 100706　北京市东城区隆福寺街 99 号

人民东方图书销售中心　电话（010）65250042　65289539